KB115835

간절함으로
운명을
이겨라

간절함으로 운명을 이겨라

김영기 지음

무일푼에서 400억 기업체를 키운
화미주 미용실 대박 이야기!

책읽는 달

화미주 갑시다!

"모르긴 몰라도 대륙을 호령하는 미용실이 될 테니까요."

미용실 이름을 화미주(和美洲)로 정할 때 작명소에서 해준 말이다. '대륙을 호령하는 미용실이라니……' 이보다 더 마음에 드는 이름은 없었다.

'그래, 미용에 대한 이 열정으로 꼭 글로벌 미용 그룹을 일구고야 말겠어!'

바로 그날, '10년 후 미용실 사장'을 꿈꾸던 내 꿈과 비전은 한 단계 더 업그레이드되었다.

그때의 그 화미주는 35년이 흐른 지금, 화미주인터내셔널이 되었다. 부산, 울산을 아우르는 경남 지역에 43개 지점, 800여 명이 일하는 미용 기업과 헤어 관련 제품을 생산하고 유통하는 '(주)코시오', 교육 기관인 '뷰티스쿨G', '화미주 ITC' 등 자회사를 거느린 미용 그룹으로 성장했다.

그리고 2016년, 내가 오랫동안 꿈꿔왔던 화미주연수원이 드디어 출범했다. 화미주연수원은 미용인뿐만 아니라 다양한 분야의 창업을 꿈꾸는 사람들을 위한 교육 기관으로 화미주 경영을 통해 검증된 현장형 교육을 수행하게 될 것이다.

작명사의 말대로 대륙을 호령하는 미용실의 꿈은 아직 완성하지 못했지만 화미주는 부산, 경남을 대표하는 브랜드가 아닌 명실공히 대한민국 최고의 미용 브랜드 중 하나로 자리 잡았다. 나 역시 미용실 총무에서 한국의 대표적 미용 그룹의 CEO가 되었다. 뿐만 아니라 화미주 디자이너 중에는 연봉 1억 원이 넘는 디자이너도 적지 않다.

해마다 나는 많은 사람을 만난다. 바로 화미주를 배우겠다며 전국에서 찾아오는 미용인들, 강연을 요청하는 대학생들, 그리고 방송이나 페이스북을 통해 만나는 일반인들이다. 찾아오는 미용인들의 견학을 직접 안내하고, 전국을 다니며 강의하다 보면 본업인 화미주 대표의 업무를 챙기기도 힘들 정도로 하루 24시간이 부족하다.

미용실을 경영하는 원장들, 수십여 년 경력의 중견 헤어디자이너들, 그리고 예비 미용인들은 물론, 크고 작은 기업의 CEO들, 자영업자들, 창업을 준비하는 사람들, 그리고 미래를 고민하는 청년들까지……. 나를 찾는 사람들은 연령도, 직업도, 목적도 모두 제각각이다.

이처럼 다양한 사람들이 내게 듣고 싶은 이야기는 한 가지다. 부산 광복동의 작은 미용실을 어떻게 한국의 대표 미용 그룹으로 키워냈는지,

바로 화미주의 경영 비법이다. 그럴 때면 나는 그들의 마음속에 숨은 진짜 질문을 들을 수 있다.

'어떻게 하면 성공할 수 있는가.'

당연한 질문이다. 미용을 배운 적도 없는 내가 미용 그룹의 CEO가 될 수 있었던 비결, 중학교 졸업 후 가진 것 하나 없이 사회에 뛰어든 내가 남들보다 더 크게 성공할 수 있었던 비결이 왜 궁금하지 않겠는가.

많은 사람이 궁금해한 그 질문에 이제 나는 기꺼이 답을 들려주려 한다. 나는 거창한 경영이론은 알지 못한다. 오로지 지난 세월 동안 내가 '생각하고', '행동하고', '추구해온' 나름의 명확한 방식들이 있을 뿐이다. 이는 내가 현장에서 뼈아프게 경험하고 절절하게 깨달은 살아 있는 지식이며, 가장 쉽고 간단한 성공의 방정식이다.

첫째, 생각하는 방식을 바꿔야 한다. 항상 안 된다는 생각만 하는 사람이 되는 경우는 절대로 없다. 부자가 되겠다는 꿈, 성공하고야 말겠다는 긍정의 결심이 중요한 이유다.

꿈과 비전은 나침반이다. 가야 할 길을 알려주는 동시에 긴 여정에서 길을 잃지 않도록 하는 인생의 원동력이다. 강한 목표의식은 오늘 당장 실행력을 이끌어낸다. 성공에 대한 꿈에 실행력이 뒤따른다면 미래는 당연히 바뀔 수밖에 없다.

둘째, 성공을 만드는 일하는 방식은 따로 있다. 성공에 필요한 것은 변화와 도전이다. 늘 하던 대로, 생각하던 대로, 남들이 하던 대로 일을 반복한다면 변화를 기대할 수 없다. 또한 눈앞의 작은 성과에 안주하기 시작하면 새로운 기회가 다가와도 알아차릴 수 없다. 창조성은 천재만의 전유물이 아니다. 성공을 원한다면 발상의 전환으로 기회를 창출하고, 한발 앞선 도전으로 스스로 변화를 만들어내야 한다.

셋째, 경영의 핵심은 결국 사람이다. 사람과 소통하고 사람을 키우는 데 집중해야 한다. 나는 현장에서 직접 부딪혀가며 경영과 서비스를 배웠다. 그 과정에서 고객의 마음을 열고, 직원과 소통하기 위해 그들의 마음의 소리를 듣는 데 집중했다. 또한 나를 비롯한 직원들의 배움을 위한 교육에 투자를 아끼지 않았다. 그 결과 매출이 변화하는 놀라운 경험을 했다.

성공을 간절하게 꿈꾸는 당신이 반드시 기억해야 할 것은 바로 함께 일하는 사람, 그리고 고객과 소통하고, 배려하고, 존중하며, 성장을 위해 투자를 아끼지 않는 것이다. 이것이 바로 화미주의 운영 방식이다.

오늘날 미용 산업의 전망이 밝지만은 않다. 오래전부터 시작된 제 살 깎아 먹는 식의 출혈경쟁 속에 꿈과 비전은 고사하고 먹고살기도 어렵다는 말들을 많이 한다. 그럼에도 불구하고 나는 자신 있게 말할 수 있다. 위기가 있다면 그 위기를 해결할 답은 반드시 존재한다고. 그리고 그 답이 있는 곳은 바로 현장이라고. 지금 위기 속에서 성공에 대한 답을 찾고자 하는 사람이 있다면 나의 치열한 경영 현장의 기록들이 도움이 되리라 기대한다.

미용업이라는 한 분야에서 꼬박 30년을 보냈다. 뛰고, 걷고, 넘어지고, 다시 일어나 도전하며 꿈을 향해 달려왔고, 아직도 나의 꿈은 진행 중이다.

나처럼 돈도, 배경도 없는 사람이 여기까지 올 수 있었던 비결을 이제 많은 사람과 공유하고 싶다. 금수저와 흙수저라는 이름으로 꿈조차 일찌감치 제한되는 이 시대에 나와 같은 희망 사례가 더 많이 나오길 또한 희망한다. 꿈을 가진 모두가 희망의 주인공이 되길 간절히 바란다. 이것이 지금 내가 꾸는 '꿈 너머 꿈'이다.

김영기

PART 2 일하는 방식: 발상의 전환으로 혁신하라

생각 방식

: 일단 성공을 결심하라

CHAPTER 1
가난한 가장에서 수백 억대 CEO가 되기까지

CHAPTER 2
성공 체질을 만드는 노하우 다섯 가지

CHAPTER 1

가난한 가장에서
수백 억대 CEO가 되기까지

매일 꿈을 꾸고 비전을 그려라

얼마 전 TV의 한 프로그램에서 현재의 직업 중 47%가 20년 이내에 사라질 것이라는 전망을 발표했다. 그중 미용사라는 직업이 사라질 확률이 약 11%에 이르렀다. 기술과 감성을 동시에 요구하는 전문직종임에도 인공지능을 탑재한 로봇으로 대체될 것이라는 게 그 이유이다. 20년 후의 일이라고 하니 마치 먼 훗날의 이야기 같지만 그리 머지않은 미래라는 것을 우리는 알고 있다.

지금 미용 업계의 현실을 보면 이미 쇠락의 늪으로 빠져들고 있는 것 같은 불안감과 위기감이 높다. 어쩌면 굳이 20년을 기다리지 않아도 미용 업계 종사자들이 자신의 업을 포기해야 할 상황이 올 수도 있다.

'그럼에도 불구하고' 꿈과 비전은 필요하다

국내 미용 시장 규모는 약 5조 원에 달한다. 그리고 매년 5만 명의 새로운 헤어디자이너가 시장에 쏟아진다. 최소 3~4개월만 투자하면 쉽게 자격증을 딸 수 있고, 특히 기술직종의 특성상 경력 단절이나 정년 걱정이 없다는 장점 때문에 미용업에 뛰어드는 사람들은 계속 증가하는 추세다. 창업자본 역시 타 업종에 비해 저렴하다 보니 부산에서는 커피숍만큼 보기 쉬운 게 미용실이다. 이런 상황이 부산만의 일은 아니다. 서울과 수도권을 비롯해 전국의 소상공인 업종 지도를 보면 가장 많은 점포 중 하나가 바로 미용실이다.

고객 수요는 그대로인데 미용실만 증가하다 보니 결국 업계는 기술과 서비스의 경쟁이 아닌 할인 경쟁으로 치닫고 있다. 이 추세라면 미용실 한 곳당 평균 월 300만 원의 매출도 올리기 어려운 상황이 조만간 현실로 닥칠 것이다.

이런 암울한 현실이 미용 업계만의 문제는 아니다. 경제가 어려워지면서 젊은 세대도, 조기 퇴직한 중년 세대도 모두 창업을 통해 새로운 미래를 찾고자 한다. 그러나 이러한 기대와는 달리 자영업자 대부분이 평균 2년의 생존을 장담하기 어려운 것 역시 현실이다.

서울시 통계에 따르면 서울 시내 골목상권에서 장사를 시작해 10년 동안 살아남은 자영업자는 20%도 채 되지 않는다(2015). 부산을 비롯한 전국 자영업자의 실정도 이와 크게 다르지 않다. 전국 소상공인의 40%는 창업 후 1년 이내에 폐업하고, 폐업하는 소상공인들은 평균 약

1,600만 원의 빚을 떠안는 게 현실이다(2016, 중소기업연구원).

미국의 사정도 마찬가지다. 한 해 100만 명 이상이 창업하는 미국에서도 40%가 1년 안에 폐업하고, 10년 이상 생존할 확률은 단 4%에 불과하다(미국 상무부 통계).

미용업에 몸담은 지 30년, 나는 미용 업계의 미래를 걱정하지 않을 수 없다. 미용을 배우기 시작한 학생, 중견 헤어디자이너, 미용실을 경영하는 원장 등 미용업에서 꿈을 찾고자 하는 이들에게 닥친 이 위기를 어떻게 극복할 수 있을까. 어려운 환경 속에서 창업을 준비 중이거나, 창업을 시작해 고군분투하는 많은 사람에게 내가 어떤 도움이 될 수 있을까.

내가 줄 수 있는 조언은 '그럼에도 불구하고' 꿈을 꾸고 비전을 설정하라는 것이다. 위기란 결국 명확한 꿈과 비전을 통해 만들어진 강한 목표의식으로 극복할 수밖에 없기 때문이다.

'1,000만 원의 약속'에서 시작된 꿈의 습관

꿈은 내가 실현하고자 하는 희망이다. 그리고 꿈의 구체적인 미래의 모습이 비전(vision)이다. 꿈이 '어떤 삶'을 살 것인가에 대한 답이라면, 비전은 '무엇을' 통해 꿈을 달성할 것인가에 대한 답이다.

예를 들어 행복한 삶, 좋은 부모, 남을 돕는 삶을 살고 싶다는 것 등은 하나의 꿈이다. 반면 '남을 돕는 삶'이라는 꿈을 이루기 위해 '국제기구에서 일하겠다'는 것은 비전이다. 그리고 비전을 달성하기 위해 세우는 계획들이 바로 목표다. 국제기구에서 일하기 위해 대학의 전공을 정하고, 어학 성적을 관리하고, 봉사 경험을 쌓는 등의 행동 계획이 목표에 해당한다.

꿈과 비전, 목표에 대한 개념을 일일이 설명하는 이유는 꿈, 비전, 목표를 각각 명확하게 인식해야만 자신이 '무엇을' 위해 '어떻게' 일해야 하는지를 구체적으로 이해하고, 행동할 수 있기 때문이다.

'나는 10년 안에 반드시 1,000만 원을 모을 거야!'

1976년 17세의 나이로 아버지를 대신해 가장이 되던 날, 나 자신과 한 약속이다. 돈이 없어서 병을 제대로 치료하지도 못하고 돌아가신 아버지의 삶에 대한 억울함, 어머니마저 돈 때문에 잃고 싶지 않다는 절박함은 어린 장남에게 무서운 책임감으로 돌아왔다.

온통 '부자가 되고 싶다'는 꿈으로 가슴과 머리를 가득 채웠던 나에게 처음으로 '1,000만 원'이라는 구체적인 비전이 생겼다. 하지만 나는 꿈과 비전이라는 단어의 의미는 몰랐다. 그저 당시 내 눈높이에서 '부자라면 1,000만 원 정도는 가진 사람'이어야 한다고 막연히 생각했을 뿐이다.

1970년대는 대학등록금이 3만 원을 조금 넘는 수준이었고, 버스 요금은 40원 정도에 불과했다. 10대였던 내가 아무리 열심히 일해도 월 1만 원을 벌기 어려운 시절이었으니 1,000만 원이라는 돈은 정말 꿈에서나 만져볼 수 있을 만큼 큰돈이었다.

어찌 됐든 1,000만 원이라는 구체적인 비전을 위해 집을 떠나 건설 현장 막노동부터 노점상, 가게 점원 등 닥치는 대로 일을 했다. 이루 말할 수 없이 고단한 일상의 연속이었고, 하루의 노동이 끝나고 손바닥만 한 셋방으로 돌아오면 쓰러져 자기 바빴다.

그러나 매일 저녁 아무리 피곤해도 잠들기 전 절대로 거르지 않는 일이 하나 있었다. 낡아서 누렇게 변한 벽지 위에 매일 '10년 안에 1,000만 원을 모은다'라는 결심을 적었다. 지금 생각해보면 매일 부자의 꿈을 구체화한 비전을 적고, 보고, 점검하는 습관을 갖게 된 것이었다. 벽지가 온통 까맣게 물들어가는 동안 나는 이를 악물고 작은 목표들을 하나씩 성취해나갔다.

이후로 30여 개의 직업을 넘나드는 동안에도 이 습관을 절대 버리지 않았다. 내가 거쳐 간 많은 셋방과 전세방의 벽들은 예외 없이 구체적인 비전들로 가득 채워졌다.

나 자신과 했던 '1,000만 원의 약속'은 10년 후 과연 어떻게 되었을까. 결론부터 말하자면 27세가 되었을 때 나는 1,000만 원이 훨씬 넘는 돈을 벌었다.

훗날 미용실에 총무로 입사하면서 비전은 다시 '10년 안에 미용실 사장이 되자'로 변했고, 이번에는 벽지 대신 일기장에 기록하기 시작했다. 비전과 함께 온종일 내가 했던 일들과 생각, 그리고 새로운 목표를 빼곡하게 적어넣었다. 주위 사람들에게 "10년 안에 이 미용실 사장이 될 것"이라며 공공연하게 비전을 선포하기도 했다.

이런 나를 이상하게 바라보고 손가락질하는 사람도 물론 있었지만 상관하지 않고 매일 미용실 주인처럼 생각하고, 행동했다. 월급을 받는 총무였음에도 나는 경영자의 시각으로 1년 후, 5년 후, 10년 후의 미래를 위한 계획을 수립하고 실천해나갔다. 그리고 너무나 놀랍게도 10년이 채 되기도 전에 이 비전은 현실이 되었다.

2009년부터 나는 '비전 쪽지'를 만들기 시작했다. 매출 목표와 지점수, 직원 규모는 물론이고, 화미주연수원과 장학재단 설립 등 구체적인 2020년 화미주의 모습을 글로 적어 가슴에 품고 다녔다. 일이 잘 안 풀려 불안할 때, 힘들고 지쳐 '에라 모르겠다'며 주저앉고 싶을 때 나는 주머니 속 비전 쪽지를 꺼내 읽고 또 읽었다. 덕분에 쪽지는 꼬깃꼬깃 구겨지고, 너덜너덜해졌지만 이제는 품고 있는 것만으로도 마음이 든든할 정도다.

이쯤 되면 8년 전 적어두었던 '2020 비전'은 어떻게 진행되고 있을까 궁금할 것이다. 2020년을 아직도 3년이나 남겨두고 있지만, 나는 쪽지에 적어둔 비전의 대부분을 현실로 만드는 데 성공했다.

습관이 운명을 만든다

내게 성공의 비법을 묻는 사람들에게 나는 무엇보다 먼저 꿈과 비전, 목표를 글로 적고 말로 하는 습관이 중요하다고 강조한다. 글과 말은 생각과 행동을 변화시키는 중요한 요소다. 꿈과 비전은 그저 품기만 하면 이뤄지는 부적 같은 것이 아니다. 이를 행동으로 연결해야만 현실에서 기회를 만들 수 있다.

생각은 씨앗과 같다. 성공을 이룰 수 있다는 긍정적인 생각은 긍정적인 말과 행동으로 이어진다. 반복되는 긍정적인 말과 행동은 좋은 습관이 되며, 이런 습관을 지닌 사람 옆에는 당연히 좋은 사람들이 모인다. 그 사람들은 내게 좋은 환경과 에너지를 제공하고, 그런 분위기 속에서 더욱 좋은 생각을 할 수 있게 된다. 그 순환의 시너지 효과가 성공의 법칙을 만들고 사슬처럼 결합한 이 관계 속에서 운명이 만들어진다.

"생각이 말이 되고, 말이 행동이 되고, 행동이 습관이 되면, 그 습관이 운명을 만든다"라는 옛 성현(聖賢)의 말은 바로 이러한 연결과 순환의 법칙을 설명하고 있다.

결국 자신의 운명을 만드는 첫 출발은 생각, 즉 꿈이다. 창업의 꿈, 부자가 되겠다는 꿈, 국내 최고의 미용 기업 CEO가 되겠다는 꿈 등 꿈의 내용이 무엇이든 일단 생각을 해야 시작할 수 있다. 그리고 꿈을 생각했으면 반드시 이루고 말겠다는 결심이 있어야 한다.

꿈을 이룰 때까지 그 결심을 단단하게 붙들 방법이 바로 꿈과 비전을 글로 적고 말로 하는 습관을 만드는 것이다. 꿈을 비전으로 설계하고, 매일 그 비전을 되새기고, 비전을 달성하기 위한 목표를 점검하는 습관은 꿈을 위한 행동을 이끌어내고 스스로 견지하는 가장 중요한 동력이다.

궁즉통, 6년 만에 매출 10배를 달성하다

"너 화미주 맡아서 해볼 생각 있나?"

심장이 뛰었다. 얼마나 고대했던 순간인가. 눈물이 핑 돌 정도로 감격스러웠고, 스스로 대견했다.

1986년 나는 부산 광복동의 파리미용실(현 화미주)의 총무로 입사했다. 부산에서 블랙박스라는 커피숍을 소문날 정도로 경영을 잘했던, 한마디로 '잘나가는' 사장이었던 내가 월급쟁이 총무로 미용실에 입사한 이유는 커피숍 단골 미용실 원장의 "하루에 세 사람만 파마를 말면 지금보다 많은 돈을 벌 수 있다"는 한마디 때문이었다.

매출을 10배로 올리다

미용실 총무가 되자 나는 원장에게 "10년 안에 매출액을 10배로 올리겠다"고 약속했다. 그리고 바로 이튿날부터 미용실의 터줏대감 직원들과 매일같이 전쟁을 치렀다. 당시 서비스 정신이 전무했던 직원들의 화법과 옷차림, 표정, 인사법까지 모두 바꾸기 시작했기 때문이다. 반항하는 직원들도 물론 있었다. 그러나 나는 굴하지 않고 미용실 원장의 전폭적인 지지를 바탕으로 기술 교육과 서비스 교육, 홍보 전략 등 3대 혁신을 통해 내가 정한 목표를 하나씩 이뤄나갔다.

정확히 6년 후, 나는 원장과의 약속을 지켰다. 10만 원~20만 원대였던 하루 매출이 200만 원대로 뛰었고, 미용실도 60평에서 200평으로 확장했다. 이후 기술력과 서비스가 충분히 향상되었다고 자신할 수 있게 되었을 때 고급화 전략으로 미용실의 매출을 지속적으로 확대해갔다.

파리미용실의 상호를 화미주(和美州)로 바꾼 것 역시 나였다. 파리미용실에서 한 단계 더 발전해 나가기 위한 변화를 선포하는 의미에서였다. 이후 작명소의 조언대로 화미주의 '주'를 대륙주 '洲'로 고쳐 '화미주(和美洲)'로 바꿨다. 우리의 무대를 고을이 아닌 대륙으로 넓히겠다는 뜻이었는데, 당시 작명사는 화미주가 훗날 "대륙을 호령할 미용실이 될 것"이라는 말을 들려주었다.

바로 그날, 나의 비전은 또 한 번 커졌다. 단순한 '미용실 사장'이 아닌 '대륙을 호령할 미용실 주인'이 되겠다고 다짐했다. 하지만 정작 당시 원장은 미용실의 비전에 아무런 관심이 없었다.

그런데 예기치 못했던 어느 날, 원장이 내게 미용실을 아예 넘겨주겠다는 제안을 해온 것이다. 처음엔 얼떨떨했고 시간이 조금 지난 후부터는 웃음이 떠나질 않았다. 그동안 머릿속에서 수백 번, 수천 번 상상했던 일이었지만 현실은 상상보다 훨씬 멋있었고 행복했다.

하지만 돈이 문제였다. 저축한 돈을 모두 털어도 인수 금액의 절반도 채 되지 않았다.

"제가 돈이 많이 부족한데예……."

"괘안타, 지금부터 열심히 벌어서 천천히 갚아도 된다."

어떻게 그런 배려를 할 수 있었는지 지금도 이해가 잘 가지 않을 때가 있다. 아마 원장은 한 번 목표를 세우면 어떻게든 이뤄내고야 마는 나의 강인한 정신과 그동안 일하며 쌓아온 신뢰와 성실성 등을 고려했을 것이다.

1992년, 그렇게 나는 화미주 미용실의 사장이 되었다. 비록 돈을 다 갚지 못해 지분 사장에 불과했지만, 그것만으로도 충분히 행복했다.

'그래, 이제 시작이다. 나는 미용계의 칭기즈칸이 될 거다!'

한층 더 커진 꿈과 비전에 맞춰 목표 역시 더욱 강화했다. 기술과 서비스 향상은 기본이요, 남들보다 1시간 일찍 문을 열고 더 늦게 문을 닫는 강행군을 시작했다. 많은 돈을 벌어야 했으니 남보다 더 부지런할 수밖에 없었다. 덕분에 평일 늦게 퇴근하는 여성 고객을 새로운 고객층으로 확보할 수 있었다.

여기서 그치지 않았다. 한 명의 고객이라도 놓치지 않기 위한 화미주의 다양한 마케팅과 홍보 전략이 시작되었다. 궁즉통(窮則通)의 법칙, 즉 절박하면 오히려 해결 방법을 찾게 된다는 옛말이 하나도 틀리지 않았다는 것을 실감하곤 했다.

그렇게 2년을 보내고 1994년, 드디어 남은 빚을 모두 청산했다. 화미주 미용실의 완전한 대표가 된 것이다. 미용 업계에 처음 총무로 발을 내디디며 '10년 안에 미용실 주인이 되겠다'는 비전을 그렸던 8년 만에 목표를 달성하게 되었다.

꿈도 비전도 계속 성장해야 한다

하나의 목표를 이루고 난 뒤 만족감에 취해 그대로 안주해서는 절대 성공의 길을 갈 수 없다. 꿈과 비전은 계속 변화해야 한다. 그리고 그 변화는 축소가 아닌 성장이어야 한다. 17세에 꾸었던 부자의 꿈과 40여 년이 흐른 현재의 꿈과 비전의 크기가 같았다면 지금의 화미주는 존재하지 않았을 것이다.

화미주를 한국 최고의 미용 브랜드 중 하나로 만들고, 미용실이 아닌 미용 기업, 그리고 다시 미용 그룹의 CEO로, 부자의 꿈을 향한 나의 비전은 계속 진화해왔다. 물론 꿈과 비전의 크기를 키우기 위해 그만큼 치열하게 노력했다. 시대의 흐름을 민감하게 읽고, 시장의 요구에 한발 앞서 대응하기 위해 늘 새로운 비즈니스 모델을 발굴하는 경영 전략을 펼쳤다.

'부자가 되겠다'는 꿈에서 시작해 '어떤 부자가 될 것인가'를 고민했고, 더 나은 모습으로 성장하기 위해 끊임없이 비전을 재설정한 결과, 부산 광복동의 작은 미용실은 현재 800여 명이 근무하는 43개 지점의 미용 기업과 아카데미 '뷰티스쿨G'와 '(주)코시오', '화미주 ITC'라는 자회사를 거느린 화미주인터내셔날이 되었다.

꿈은 간절하게, 그리고 구체적으로

숱한 직업을 거치면서 나는 사람들에게 "사업에 소질 있다"는 말을 자주 들었다. 실제로 망한 사업보다 흥한 사업의 경험이 더 많다. 그런데 신기하게도 내가 운영할 때는 흥했던 가게를 다른 이에게 양도하고 나면 안 되는 경우가 많았다.

김영기가 하면 되고 남이 하면 안 되는 이유

그러다 보니 '김영기가 하면 되고, 남이 하면 안 되는' 경영 비밀을 궁금해하는 사람들이 생겨났다. 나 스스로도 한때는 사업에 특별한 운을 타고 난 것은 아닌가 생각한 적도 있다. 맞다. 나에게는 남과 다른 특별함이 한 가지 있다. 그것은 운이 아닌 가슴에 품은 꿈을 지키기 위해 단한 순간도 내려놓지 않은 간절한 마음이다.

19세 때, 나는 경남 밀양에 작은 냉동사를 차렸다. 가게는 허름했지만 찾는 사람이 많아 순번을 기다리다 참지 못한 고객에게 납치당하다시피 붙잡혀 일을 다녔고, 그만큼 돈도 잘 벌었다. 하지만 곧 군대에 가야 할 나이가 되었고, 함께 일하던 친구에게 가게 인수를 제안했다. 워낙 잘되는 가게였기에 친구는 뛸 듯이 기뻐하며 내 제안을 수락했다.

하지만 한 가지 문제가 있었다. 친구는 부모님이 키우던 소도 팔고, 주변에서 돈을 빌리기도 했지만 가게를 인수할 자금이 부족하다며 나머지는 제대 후 주겠다고 말했다. 나는 '장사가 잘되는 가게'라는 믿음이 있었기 때문에 아무 의심 없이 친구의 부탁을 들어주었다.

그런데 막상 제대하고 돌아오니 냉동사는 어려움에 처해 있었다. 약속한 돈도 받지 못한 상황이라 속상하기 짝이 없었다. 도대체 어찌 된 일인가. 이곳저곳 수소문한 끝에 나는 냉동사가 문을 닫게 된 그간의 상황을 알 수 있었다.

냉동사는 냉장·냉동기기의 사용이 많은 여름과 기온이 높은 날에 고장이 잦다. 그만큼 고객도 많다. 그러나 반대로 겨울과 비가 내려 기압이 낮은 날에는 고장이 많지 않아 찾는 고객도 적다. 그래서 나는 날이 춥거나 비가 와서 고객이 없는 날이면 언제나 오토바이를 타고 고객을 찾아다녔다. 새로운 고객에게 명함 스티커도 주고 단골의 가게에 붙여놓은 명함 스티커가 떨어져 있으면 새로 붙이고, 가끔 고객의 개인적인 부탁도 흔쾌히 들어주며 끊임없이 냉동사를 홍보하고 고객을 관리했다. 손님이 뜸해지는 가을부터는 놀면서 시간을 보내는 것이 아니라 막일을 하거나 밀감 장사로 내년을 준비했다.

간절하게 부자를 꿈꿨고, 반드시 돈을 벌어야 하는 절실함이 있었기에 단 하루도 가게 문을 열어둔 채 한가하게 쉰다는 것은 생각할 수 없었다.

그러나 친구는 달랐다. 고객이 찾을 때는 일을 했지만, 고객이 찾지 않는 날에는 가게에서 동네 사람들과 둘러앉아 이야기하는 시간을 즐겼다. 가게를 인수하고 첫해가 지나면서부터 찾는 고객은 점점 줄었고, 결국 아무도 친구의 냉동사를 찾지 않게 되었다.

포기를 도전으로 만드는 '들이대' 정신

제대 이후 블랙박스 커피숍을 운영할 때도 비슷한 일이 있었다. 밀려드는 손님을 모두 받을 수 없어 줄을 세워 놓고 커피를 팔 정도로 문전성시를 이뤘다. 그러자 비싼 값에 커피숍을 인수하겠다는 제안이 들어왔고, 나는 주저 없이 제안을 받아들였다. 커피숍 사장보다 더 큰 비전인 미용업을 선택하기 위해 내린 결단이었다.

그런데 얼마 후 커피숍이 망했다는 소문이 들려왔다. 그 많던 고객이 모두 내 얼굴을 보기 위해 찾아왔던 고객이란 말인가. 물론 아니다. 그 많은 사람이 커피숍에 줄을 섰던 이유는 사장의 얼굴도, 커피 맛도 아닌 사장의 발품 때문이었다.

고객이 없는 시간이면 나는 어김없이 커피 무료 시음권을 들고 밖으로 나가 커피숍 근처는 물론 여대 앞, 직장인이 많은 빌딩가를 누볐다. 찾아준 고객이 너무 고마워 커피숍 문 앞에 서서 고객이 들어오고 나갈 때마다 고개를 깊이 숙여 인사했다. 이 모두가 절박함에서 비롯된 노력이었다. 이것이 바로 나와 새롭게 커피숍을 인수한 사장의 차이었다.

김영기가 하면 되고, 남이 하면 안 되는 장사의 비밀, 그것은 '들이대' 정신의 차이라고 말할 수 있다. 절박한 상황에 닥쳤을 때, 힘들고 부끄러워서 슬그머니 포기하고 싶을 때, 과감하게 "한 번 더"를 외치고 뛰어드는 들이대 정신은 간절한 마음에서 비롯된다.

화미주에도 들이대 정신을 가진 사람이 있다. 교육과정을 우수한 성적으로 수료한 그가 드디어 정식 디자이너가 되던 날, 폭탄선언을 했다.

"사실 저는 세 살짜리 아들이 있는 엄마입니다."

2년여 기간 함께 일하면서 누구도 그가 결혼했고, 아이를 키우는 엄마라는 사실을 알지 못했다. 모든 사람들이 한동안 입을 떡 벌린 채 말을 잇지 못하는 상황에서 나는 무척 혼란스러웠다.

'왜 말하지 않았을까. 화미주는 아이가 있어도 나이가 많아도 일을 할 수 있는 곳인데, 도대체 왜……'

내 마음속 질문에 답을 하듯 그는 붉게 상기된 얼굴로 이유를 말했다. 대기업에서 직장생활을 하던 그가 미용을 선택한 이유는 평생 일하고 싶은 꿈 때문이었다. 결혼과 출산 후 자연스럽게 직장을 떠나는 선배들을 보며, 새로운 미래인 미용사를 준비하기로 했다고 한다. 퇴근 후 미용학원에 다니며 구체적인 비전도 세웠다. 하지만 '일찌감치 미용에 입문한 어린 친구들과 함께 일할 수 있을까' 하는 두려움이 생겼고, 그 무렵 늦은 나이에 미용 업계에 입문한 뒤 비전을 향한 뚝심 하나로 화미주를 키워낸 나의 이야기를 담은 『천만 원의 약속』을 읽게 되었다고 한다. 그리고 '디자이너와 파트너가 서로 존중하는' 독특한 화미주의 직장문화에 용기를 얻었고 입사 지원을 하게 되었다.

그런데 면접에서 한 면접관이 별 뜻 없이 던진 "결혼 안 했죠?"라는 질문에 그만 "네……"라고 대답하고 만 것이다. 그 후 정식 디자이너가 되는 순간까지 혹시라도 거짓말을 한 게 들켜 일을 못 하게 될까 봐 매일 속앓이를 해왔다.

"혹시 나이가 많아서 곤란하다고 하시면 무급으로 일만 배울 수 있게 해달라고 부탁드릴 생각이었어요. 그런데 기회를 주셨잖아요. 저는 절대로 이 기회를 놓칠 수 없었어요."

눈시울이 붉어진 그를 나는 말없이 꼭 안아주었다. 그토록 간절한 마음으로 미용을 선택한 들이대 정신이 가득했던 이 친구는 과연 어떻게 되었을까. 화미주 역사상 가장 빠른 승진과 높은 매출을 기록하며 현재 본점의 원장이 되었다.

꿈은 누구나 꿀 수 있다. 그러나 모두가 꿈을 이룰 수는 없다. 얼마나 간절하게 꿈을 꾸고 있는가. 얼마나 절실한 마음으로 비전을 향해 들이대고 있는가. 간절하게 꿈꾸고 절대로 포기하지 않는 절실함으로 비전을 향해 달려가는 들이대 정신은 꿈을 현실로, 비전을 성공으로 만드는 중요한 요소다.

...
CHAPTER 2

성공 체질을 만드는
노하우 다섯 가지

일하러 나온 사람 vs 돈 벌러 나온 사람

최근 나에게 강연을 요청하는 곳이 부쩍 많아졌다. 미래를 꿈꾸는 젊은 대학생들, 각 기업의 임직원들, 이런저런 장사에는 도가 텄다는 상인들, 이미 각 분야에서 성공했다고 인정받는 CEO 등 연령도, 일하는 분야도 정말 다양하다. 그런데 이 모든 사람이 내게 공통으로 궁금해하는 것이 있다. 바로 화미주의 성공 비법이다.

"어떻게 하면 성공할 수 있나요?"

내 이력과 화미주의 성장 스토리를 아는 사람들은 '맨주먹 성공'의 비밀, 내가 미용 그룹을 운영할 수 있게 된 비법이 궁금할 수밖에 없다. 그럴 때 그들에게 하는 질문이 있다.

"오늘 출근할 때 무슨 생각하셨나요?"

참 쉬운 질문인데 놀랍게도 바로 대답을 하는 사람이 드물다. 대부분 '왜 저런 질문을 하지?' 하는 표정을 짓다가 잠시 후 별거 아니라는 투로 하나, 둘 입을 열기 시작한다.

"지각하지 말아야지."

"오늘 일이 많은데 야근하겠군."

"아이고, 아침부터 엄청 피곤하네……."

사람들은 잠자는 시간을 빼고는 종일 생각을 하며 지내지만 비전과 상관없는 이런저런 잡다한 생각을 하거나, 무슨 생각을 했는지도 모르고 지나가는 경우가 대부분이다. 그러나 매일 아침 일을 시작하기 전 떠올리는 생각은 반드시 의미가 달라야만 한다. 왜냐하면 그 생각이 곧 일하는 이유가 되며 구체적인 목표를 설정하기 때문이다.

일하러 나온 사람과 돈 벌러 나온 사람의 차이

나는 평소 일하러 나온 사람과 돈 벌러 나온 사람의 차이에 대해 자주 얘기한다. 그 두 사람에게 무슨 차이가 있느냐고 묻는 사람도 있겠지만 큰 차이가 있다. 막연히 주어진 일을 하기 위해 출근한 사람은 자신이 맡은 직무를 무사히 수행하는 것이 하루의 목표가 된다. 예를 들어 매일 아침 '지각을 하지 않겠다'는 생각을 하는 사람은 '일을 하러 나온 사람'이다. 이런 사람은 분명히 성실할 것이다. 하지만 대부분 지시를 받는 것에 익숙하고 지시를 따르는 데 충실할 뿐이다.

그렇다면 '돈을 벌러 나온 사람'은 무엇이 다른가. 이 사람은 주어진 일에 머물지 않는다. 지시를 받지 않아도 매출을 일으킬 방법을 찾고, 스스로 문제를 해결한다. 무엇을 위해 일하는지 본질을 알고 있으므로 진짜 목표에 집중하게 된다. 바로 여기서 남과 다른 1%의 창의적 발상이 시작된다.

언젠가 미용실에서 있었던 일이다. 고객의 머리를 직접 만지는 일이 없는 나는 평소처럼 한창 바쁜 직원들을 대신해 바닥에 떨어진 고무줄을 줍고 있었다. 그때 어디선가 "고객님, 파마하시겠습니까?"라는 말이 들려왔다.

무심코 고개를 들어서 보니, 화미주를 처음 방문한 듯 보이는 남성 고객에게 디자이너가 파마를 권하고 있었다. 순간 머리가 쭈뼛 서는 듯 신선한 충격을 받았다.

'세상에, 남성 고객에게 먼저 파마를 권하다니…….'

지금은 많은 남성이 파마를 한다. 하지만 당시는 남성이 파마를 자주 하던 시절이 아니었고, 무엇보다 손님은 처음부터 분명하게 커트를 원했다. 그럼에도 불구하고 디자이너가 "파마하시겠습니까?"라는 권유를 한 이유는 간단했다. 커트보다 매출 효과가 높은 파마 고객을 확보할 방법을 고민하던 디자이너는 남성을 새로운 고객층으로 만들어야겠다는 생각을 하게 되었다. 하지만 당시만 해도 대부분의 남성은 스스로 파마를 선택하지 않기 때문에 자연스러운 제안을 통해 기회를 만들고자 한 것이다. 아쉽게도 그 남성 고객은 파마를 하지 않았다.

그러나 성과가 전혀 없었던 것은 아니다. 디자이너를 통해 남성도 파마를 한다는 새로운 트렌드를 알게 된 그 남성 고객은 얼마 안 가 단골이 되었다. 디자이너가 해준 머리도 마음에 들었지만, 새로운 트렌드를 알게 해주는 미용실이라는 인식도 한몫했을 것이다.

화미주는 오래전부터 신입들에게 고객 응대와 상담에 관한 매뉴얼을 교육하고 있다. 하지만 당시 화미주의 교육 매뉴얼에 남성에게 파마를 권하고, 매출을 확대하는 상담 방법에 대한 내용은 없었다. 디자이너 중 유일하게 매뉴얼에도 없는 한마디 "파마하시겠습니까?"를 생각해내고 시도한 디자이너는 다른 디자이너들과 무엇이 달랐을까. 디자이너로 크게 성공하고 싶었던 그는 자기 목표에만 집중해 창의적으로 해결할 방법을 찾아냈다. 그는 현재 화미주에서 가장 많은 남성 고객을 보유하고 높은 연봉을 자랑하는 최고의 디자이너가 되었다.

창의적으로 일하기 위해 필요한 것

화미주인 800여 명 중 두피관리 분야에서 뛰어난 실력을 인정받는 디자이너가 있다. 미용을 처음 시작했을 때 그는 남보다 빨리 성장하고, 최고의 매출을 달성하겠다는 비전을 세웠다. 하지만 기술이란 대부분 땀을 흘린 시간만큼 성장하는 법이다. 다른 사람들보다 10여 년 늦게 미용을 시작한 그에게는 경험과 기술이라는 현실의 벽이 존재했다. 하지만 그는 포기하지 않았다. 대신 전혀 새로운 시각으로 해결 방법을 찾았다.

그가 입사했을 당시 우리는 주변 미용실보다 한발 앞서 '두피관리 전문서비스'를 도입하고 있었다. 당연히 직원들은 강도 높은 교육을 받아야 했는데, 대부분 교육에 집중하지 않았다. 두피관리 분야가 생소한 데다, 당장 고객이 찾는 서비스도 아닌데 바쁜 시간을 쪼개서 공부하는 일이 쉽지는 않았기 때문이다. 하지만 그는 달랐다. 출퇴근 전후 시간을 쪼개서 두피 공부에 매진했고, 어느새 일반 디자이너로서는 유일하게 교육을 진행할 정도의 실력을 갖추게 되었다.

"선배들의 실력을 시간으로 따라잡을 수는 없었어요. 하지만 두피관리는 새로운 분야였고, 열심히 한다면 빨리 인정받고 매출 목표도 이룰 수 있을 것 같았습니다."

그의 생각은 옳았다. 몇 년 후, 미용 시장에서 두피관리 서비스가 핵심 상품으로 급부상했을 때 그는 두피관리 분야의 전문가로 성장해 있었고, 대표 디자이너가 되었다.

누군가 당신에게 "오늘 무슨 일 하세요?"라고 묻는다면 어떻게 답할 것인가. "커트도 하고, 파마도 하고, 고객이 원하는 헤어스타일을 만들어주죠"라고 말하는 사람과 "오늘도 열심히 돈을 벌어야죠"라고 대답하는 사람의 하루는 매우 다른 결과를 낳는다. 그저 열심히 주어진 일만 하는 것으로는 부족하다. 일하는 진짜 목표에 집중해야 한다. 자신의 일이 더 많은 매출로 이어질 수 있는 전략을 고민하고, 한 명의 고객을 더 붙잡으려는 방법을 끊임없이 생각하는 습관만이 성공을 만드는 창의적 발상을 가능하게 한다.

좋은 직업과 나쁜 직업의 차이

　부산 KBS 〈아침마당〉에 출연했을 때의 일이다. 사회자에게 "직업에 귀천(貴賤)이 있다고 생각하십니까?"라는 질문을 받았다. 사람들의 의식 속에는 여전히 직업의 높낮이를 구분하는 나름의 잣대가 존재하고, 그 기준에 맞춰 누군가의 삶을 성공 또는 실패로 쉽게 평가하기도 한다. 실제로 그날 출연자들의 표정은 아주 짧은 시간 묘하게 흔들렸고, 의견도 조금씩 엇갈렸다.

　"직업에 귀천은 없습니다."

　나는 그 어느 때보다 강한 어조로 대답했다. 이는 절대로 '귀천이 없어야 한다'는 희망사항이 아니었다. 지난 세월 내가 세상과 부딪혀가며 직접 경험으로 체득한 분명한 깨달음이다.

나는 17세 나이에 가장이 되었고, 무려 30개가 넘는 직업을 경험했다. 막노동꾼, 머슴살이, 점원, 수금원, 중매인, 밀감장사, 신발장사, 영업사원, 미용실 급사, 커피숍 운영 등 돈을 벌 기회가 주어진다면 망설이지 않고 뛰어들었다. 이런 다양한 이력 때문에 사람들은 내게 좋은 직업에 대한 생각을 자주 묻는다. 덕분에 기억을 더듬어볼 기회가 많았다. 오랜 세월 많은 경험을 통해 내가 깨달은 것은 좋은 직업, 나쁜 직업은 없다는 사실이다. 나 역시 내 직업이 '천하다'거나 '나쁘다'고 생각한 적은 단 한 번도 없었다.

꿈이 있는 한 부끄러운 직업은 없다

"영기야, 니는 창피하지도 않나. 머슴살이했던 얘기는 와 하는데? 이제 어데 가서 그런 얘기는 하지도 마라."

오랜만에 친구들과 어울리는 자리에서 동창 녀석이 대뜸 충고하기 시작했다. 그 친구는 내가 방송에 출연해 옛날 정미소에서 머슴살이하던 이야기를 하는 것을 봤다고 했다. 굳이 부끄러운 이야기로 체면을 깎지 말라는 나름의 진심 어린 조언이었지만, 나는 그 말에 동의하지 않았다.

정미소 머슴은 중학교를 졸업하고 사회 경험이 전혀 없는 내가 선택할 수 있는 몇 안 되는 일 중 하나였다. 하루에도 몇 번씩 무거운 쌀가마를 지고 날라야 했는데, 그 흔한 지게가 없어서 맨살이 드러난 어깨에 그대로 쌀가마를 얹었다. 거친 지푸라기에 쓸려 매일 피부가 벗겨졌고, 하루의 일과를 끝내고 자리에 누우면 뼛속에서 시작된 고통이 슬금슬금

퍼져 밤새 온몸을 짓눌렀다.

　친구들과 주변 사람들은 내 일을 어떻게 생각했을까. 십중팔구 부끄럽게 생각했을 것이다. 하지만 지금 다시 돌이켜 생각해도 그 시절이 결코 부끄럽지 않다. 그냥 머슴이 아니라 '꿈이 있는 머슴'이었기 때문이다.

　나에겐 부자가 되겠다는 꿈이 있었고, 당시는 매일 저녁 숙소의 벽에 '10년 안에 1,000만 원을 벌겠다'는 비전을 쓰며 하루하루 스스로 정한 목표를 수행하던 시절이었다. 꿈과 비전 그리고 목표를 향해 흔들림 없이 나아가고 있는데, 무엇이 부끄럽단 말인가. 오히려 땀을 흘린 만큼 꿈에 한 걸음 더 가까이 다가갈 수 있다고 믿었기에 성실하고 열정적일 수 있었다.

　이후 냉동사에 취직했을 때, 친구들은 좋은 직장에 취업해서 말끔하게 양복을 차려입고 출근을 하고 있었다. 그러나 나는 허름한 옷차림으로 손톱이 까매질 때까지 기계를 만졌고, 용접 불꽃에 덴 상처로 팔뚝은 성한 곳이 없었다.

　이때도 친구들은 "영기야, 좀 좋은 직업을 찾아봐"라며 충고했다. 하지만 나는 냉동사에서 일한다는 이유로 자존심이 상해본 적이 없다. 2년 후 냉동사를 인수해 어엿한 사장이 되었고, 웬만한 직장인 월급의 절반인 20만 원을 하루 만에 벌었다. 그러자 친구들은 나를 부러워하기 시작했다. 빨리 던져버리라고 권했던 직업이 부러운 직업으로 바뀌었다.

　잘나가는 블랙박스 커피숍을 접고, 미용실 직원으로 들어가 총무로 일을 시작했을 때도 역시 주변의 반응은 "남자가 뭐 그런 일을 하노?"라며 싸늘하기만 했다. 그래도 나는 흔들리지 않았다. 내겐 '10년 내 미용실 주인이 된다'는 비전이 있었고, 매일 조금씩 목표를 이뤄나가는 생활이 즐겁기만 했다. 그 결과 화미주 미용 그룹의 대표가 되었고, 그 누구도 내게 "남자가 미용실을……"이라는 말을 하지 않았다. 사업가로 바쁜 나를 부러워할 뿐이었다.

비전이 일의 가치를 바꾼다

같은 일에 대해 주변의 평가가 달라진 것은 물론 수입의 차이 때문이다. 그러나 좋은 직업과 나쁜 직업의 기준이 오로지 많이 벌고 적게 버는 차이가 될 수는 없다. 그것보다는 명확한 비전이 좋은 직업의 중요한 기준이 되어야 한다.

젊은 시절 나는 집안 형편상 사람들이 선호하는 직업을 선택할 수 없었다. 하지만 내가 하는 일을 '좋은' 직업으로 만드는 방법은 확실히 알고 있다.

분명한 비전과 구체적 목표가 있을 때 자신이 해야 할 일을 뚜렷이 알게 되고, 일의 가치를 느낄 수 있게 된다. 가치 있는 일은 즐거움을 주고, 즐겁게 일하다 보면 돈도 벌고, 만족도도 커지며, 성공할 가능성도 커진다. 이것이 바로 비전의 힘이며, 좋은 직업의 조건이다.

당장 더 많은 월급을 받는 직업이더라도 '왜 그 일을 해야 하는지' 비전을 갖고 있지 않다면 매일 같은 일을 반복할 뿐이다. 당연히 직업적으로 성공할 수 없고 행복할 수도 없다. 좋은 직업을 원한다면 어떤 직업을 찾기 전에, 먼저 왜 그 일을 선택했고 해야 하는지 생각해야 한다.

지금 바로 자신에게 질문해보자. 꿈이 무엇인가, 비전은 갖고 있는가, 오늘의 목표는 무엇인가. 답을 찾는 순간, 지금 하는 일의 가치가 완전히 달라지는 것을 경험할 수 있으리라.

실력은 자존심이고, 비전은 자부심이다

미용실 총무로 입사해 일을 시작한 지 얼마 지나지 않았을 때였다. 한 고객이 머리가 마음에 들지 않는다며 디자이너를 찾아왔다. 그런데 고객이 얘기를 채 끝내기도 전에 디자이너가 대뜸 이렇게 반박했다.

"고객님이 해달라는 대로 시술한 거예요. 고객님 머릿결이랑 두상이 그 연예인하고 달라서 그렇지, 스타일에는 문제없어요."

자신의 실력에는 아무런 문제가 없다고 버티는 디자이너를 바라보는 고객의 표정은 당연히 불쾌감으로 가득했다. 결국 언성을 높이던 고객은 붉게 상기된 얼굴로 차갑게 미용실을 떠났다. 그 장면을 봤을 때 나는 기가 막혔다.

'수십 년 미용업에 종사한 사람의 서비스 정신이 겨우 저 정도 수준이라니, 어떻게 그럴 수 있을까.'

그런데 정작 디자이너는 "진상 손님 때문에 하루를 망쳤다"며 남 탓을 하더니, 곧 아무렇지 않은 듯 일상의 모습으로 돌아갔다.

진짜 자존심이란

그 짧은 해프닝에서 자존심에 대해 생각했다. 자신이 스타일한 고객의 머리 스타일에 아무 이상이 없다고 버티는 디자이너의 모습이 언뜻 자존심을 표현하는 것으로 보일 수 있다. 하지만 내 눈에 그는 자존심이 없는 사람이며 더 나아가 꿈도 비전도 없는 사람으로 보였다.

자존심이란 '스스로 자신의 품위를 지키는 마음'이다. 자존심은 남의 인정이나 칭찬으로 만들어지는 것이 아니다. 오로지 성숙한 사고와 가치에 의해서 만들어지는 것이다. 미용업에서 디자이너로 일하며 추구하는 가치가 무엇인가. 기술로써 고객을 아름답게 만들고 당당히 실력을 인정받아 그에 걸맞은 풍요로운 삶을 원하는 것 아닌가. 바로 그 명예와 풍요로운 삶을 가능케 하는 존재가 바로 고객이다.

내가 그 디자이너에게 비전이 없을 것이라고 확신하는 이유가 바로 이것이다. 비전이 분명한 사람이라면 리콜을 요구하는 고객에게 그런 태도를 보이지 않았을 것이며, 고객 탓이 아닌, 고객을 만족하게 하지 못한 자신의 실력을 부끄러워했을 것이다.

비전이 명확한 사람은 자신이 해야 할 일이 무엇인지 명확하게 알고,

본질에 충실하기 위해 노력한다. 그 노력하는 마음이 바로 자존심이다. 이렇게 자존심을 갖고 일할 때 자신이 하는 일의 가치와 능력을 믿고 당당해질 수 있다.

얼마 전 오랜만에 고향 친구들을 만나 술 한잔 기울이며 안부를 주고받는 자리에서 한 친구가 내게 불쑥 한마디 던졌다.

"우리 집 꼴통 데려다가 미용이나 좀 시켜라."

순간 어찌나 화가 나던지 친구고 뭐고 멱살을 잡을 뻔했던 기억이 있다. 그날 울컥했던 이유는 미용인을 무시하는 말 때문이었다. 그러나 순간 화는 났지만 자존심은 크게 다치지 않았다. 업계에서 화미주는 실력을 인정받고 있었고, 무엇보다 내게는 뚜렷한 비전이 있었기에 일에 대한 자부심도 컸기 때문이다. 그날 모임에는 미용인보다 사회적으로 더 인정받는 직업을 가진 친구들도 많았지만, 나보다 자신의 업에 자부심을 느끼고 일하는 친구는 단언컨대 한 명도 없었다.

자부심을 갖는 데 필요한 조건

화미주가 자랑하는 독특한 일터문화 중에는 디자이너와 파트너가 서로 존칭어를 사용하는 존중문화가 있다. 처음 이 문화를 안착시키기 위해 많은 디자이너의 자존심들과 싸워야 했다. 디자이너들은 "권위가 떨어진다", "자존심이 상한다"는 이유로 존칭어를 사용하자는 내 의견을 쉽게 따라주지 않았다. 하지만 결국 존댓말의 사용으로 직원들은 오히려 서로의 자존심을 지키며 일할 수 있게 되었다.

고객의 리콜 100% 수용 원칙을 도입했을 때도 마찬가지였다. 디자이너들은 자존심을 이유로 무척 반대했다. 하지만 '100% 리콜'은 실력에 대한 자신감이 없으면 절대 시도할 수 없는 제도다. 나조차도 두 주먹을 불끈 쥐게 할 만큼 이 제도를 악용하는 진상 고객이 없는 것은 아니다. 그러나 대부분 고객은 화미주의 100% 리콜제도가 자존심을 걸고 일하는 디자이너들의 자부심에서 비롯되었다는 것을 이해했으리라 믿는다.

일터에서 자존심이 다치는 상황은 딱 한 가지다. 바로 자기 일을 제대로 해내지 못했을 때다. 제대로 일한다는 것은 업의 본질을 이해하고 충실하게 본질에 다가가기 위해 노력하는 태도다.

서비스란 해주는 일이 아니고 해야 할 일이다

화미주에는 연봉 1억 원이 넘는 디자이너가 적지 않다. 이들에게는 공통점이 있다. 각각 자신만의 특별한 장점으로 마니아에 가까운 단골을 확보하고 있으며, 무엇보다 명확한 비전을 갖고 있다는 점이다.

비전을 품은 순간부터 일을 대하는 자세는 크게 달라진다. 비전은 업(業)의 본질을 이해하게 하고, 그에 따른 충실한 태도를 요구한다.

본질을 잊은 서비스는 '싸가지'가 없다

"왜? 뭐가 잘 안 돼?"

본점에 들러 잠깐 일을 보고 사무실로 가기 위해 계단으로 향했는데,

디자이너 한 명이 쭈그리고 앉아 있었다. 예상치 못한 나와의 만남에 당황한 듯 그는 어색한 미소로 고개를 저었지만, 눈빛은 "네"라고 말하고 있었다.

오랜 시간 같이 일해온 그는 실력은 물론이고 고객관리에서도 눈에 띄는 성과를 보여줘 기대주로 눈여겨보던 친구였다. '그냥 지나칠까' 잠시 머뭇거렸지만 도저히 모른 척할 수 없어 "시간 나면 한번 찾아와"라며 말을 던지고 돌아왔는데, 며칠 후 정식으로 내게 상담을 요청해왔다.

평소 시원시원한 성격답지 않게 힘없는 목소리로 그가 꺼낸 얘기는 "고객들이 제가 싸가지 없대요"라는 거였다. 늘 고객이 끊이지 않았던 만큼 실력에 대한 자부심이 컸던 그는 언제부터인가 조금씩 고객의 발길이 뜸해지는 것을 느꼈다. 처음엔 별로 신경을 쓰지 않았지만 상황이 지속되자 이유가 궁금해졌다. 지인을 수소문해 알아보았더니 "싸가지가 없기 때문이다"라는 답변이 돌아왔다고 한다. 그는 꽤 큰 충격에 빠진 것 같았다.

"○○야, 너에게 고객은 뭐니?"

잔뜩 위축된 그의 긴장감을 풀어주기 위해 나는 일부러 반말로 편하게 물었다.

"저를 찾아주시는 감사한 분이죠."

당연한 듯 답하는 그를 향해 나는 고개를 저었다. 그는 고객에 대한 정의부터 다시 할 필요가 있었다.

"고객은 우리의 의식주를 해결해주는 분이지. 그래서 참 고마운 분이지. 그럼 그 고마운 고객을 위해 우리는 무엇을 해야 할까?"

순간 그의 얼굴이 굳었다. 그의 마음이 그대로 읽혔다. 비전을 향해 열심히 뛰다 보면 누구나 어느 순간 작은 성취물을 손안에 쥐게 된다. 이때 사람들은 작은 성취물에 도취하여 초심은 사라지고 직업의 본질을 잊기 쉬운데, 이런 변화는 일을 대하는 마음 자세에 그대로 나타나기 마련이다.

미용업은 서비스업이다. 서비스업의 본질은 고객 섬김에 있다. 이것을 잊는 순간 비전은 더 멀리 뒷걸음치게 된다. 고객에게 "싸가지가 없다"는 말을 듣게 된 원인은 작은 성취를 이룬 후 업의 본질을 잊은 정신에 있었다.

그날 이후 그 디자이너는 시원시원한 성격은 그대로였지만 고객을 대하는 태도는 크게 달라졌다. 고객 한 명 한 명의 얼굴과 이름을 기억하기 시작했고, 자신을 찾아준 감사함을 말과 표정으로 아낌없이 표현했다. 고객이 말없이 느꼈을 싸가지 없음, 즉 '내가 실력이 있으니까 날 찾아왔지'라는 식의 태도는 더 이상 찾아볼 수 없었다. 그를 찾는 고객은 다시 증가하기 시작했고, 그의 비전을 향한 질주는 지금도 진행 중이다.

요즘 젊은 사람들의 감성에는 맞지 않을지도 모르지만 나는 "고객과 싸워 이기는 놈은 대역죄인"이라는 말을 자주 한다. 고객의 갑질 문제가 여러 차례 사회적 이슈로 등장하고 있지만, 그럼에도 불구하고 '고객은 왕'이라는 신조는 변함이 없다. 그 이유는 내가 선택한 업이 바로 서비스업이고, 서비스업의 본질이 섬김에 있기 때문이다.

'해주는 일'에는 진심이 없다

언젠가 한 고객의 거센 항의로 미용실이 발칵 뒤집힌 적이 있었다. 사건은 미용실에 머리를 하기 위해 들른 그 고객이 우연히 직원과 다른 고객의 대화를 옆에서 듣게 되면서 시작되었다. 그날 직원은 고객에게 재미있는 일화 한 가지를 소개하며 대화를 나눴는데, 그 일화 속 주인공이 바로 옆자리에 있다는 사실을 알지 못했다.

뜬금없이 자신의 이야기를 두 사람이 화제로 삼아 대화를 나누는 상황을 접한 고객은 불같이 화를 냈다. 상황을 인지한 직원이 해명하고 머리 숙여 사과를 드렸지만 고객은 좀처럼 화를 풀지 않았다. 원장과 본사 임원까지 나섰지만, 고객은 오직 대표인 나의 사과를 받겠다며 요지부동이었다.

시간이 조금 지난 후 보고를 받게 된 나는 적잖이 당황했다. 평소 내가 직원의 실수로 발생한 고객과의 문제를 개인의 잘못으로 미루거나 조치하지 않는다는 사실을 잘 아는 직원들이 왜 진작 보고를 하지 않았을까 싶었다. 아마도 서슬이 퍼런 고객 앞에서 대표가 힘든 상황에 놓일 것을 염려한 터였으리라.

보고를 받은 바로 그날, 나는 주저 없이 고객에게 전화해 백배사죄와 함께 "직접 찾아뵙고 싶다"는 말씀을 전했다. 그런데 고객은 대표와 통화를 한 것만으로도 어느 정도 화가 누그러진 것인지, 아니면 더 화가 났는지 나의 방문 제의를 거절했다. 하지만 나는 포기하지 않고 직접 고객 댁을 찾아갔다.

"아니, 찾아오실 것까지는 없는데예……."

여성 고객이 좋아할 만한 꽃 한 다발을 들고 중년의 남자가 불쑥 들어서자, 고객은 무척 쑥스러운 듯 어쩔 줄 몰라 얼굴까지 붉혔다. 나 역시 이마와 콧잔등으로 배어 나오는 땀을 연신 닦아내며 죄송한 마음을 전하고자 최선을 다했다. 결국 고객은 정식으로 사과를 받아주었다.

미용실을 운영하다 보면 고객과의 마찰은 피할 수 없다. 가끔은 정말 '욱' 하는 심정을 삼키느라 꽤 고생할 때도 있다. 직원들의 고민 상담 중 많은 부분을 차지하는 내용이 바로 "(고객에게) 정말 어디까지 해줘야 하는 거예요?"라는 것이다. 나는 직원들에게 위로를 건네기보다 먼저 질문부터 바로잡는다.

"우리 일에 해주는 게 어디 있습니까?"

고객에게 약속한 서비스는 '해주는 일'이 아니다. 마땅히 해야 하는 일이다. 해주는 일이 되는 순간 진심을 지키기 어렵다.

간혹 서비스업이 적성에 맞지 않는다는 이유로 미용을 포기하는 사람들이 있다. 디자이너에게 필요한 예술적 안목과 감각, 기술 습득능력이 떨어져 직업을 바꿀 수는 있다. 그러나 서비스업에 대한 적성을 이야기하는 경우 특히 입사 초기에 적성을 이유로 직업을 떠나려는 사람들의 경우 핑계와 변명이 많은 것도 사실이다.

일이란 먼 곳의 꿈을 향해 가는 과정에서 수행해야 할 과제와 같다. 꿈이 분명하고 일을 통한 비전이 확실하다면, 자신이 선택한 업에서 좋은 것만 취할 수 없다. 지금 미용업, 아니 서비스업 종사자 중 이와 같은 고민을 하는 사람이 있다면 곰곰이 생각해보길 바란다. 과연 적성의 문제인가, 아니면 비전의 부재가 문제인가.

....

즐겁게 일하기 위해 필요한 것

"대표님은 직원 채용 시 무엇을 가장 중요한 기준으로 보십니까?"

43개 지점과 자회사를 경영하는 CEO 자리에 있다 보니 젊은 친구들은 내게 자주 인재상에 대해 묻는다. 그럴 때마다 내가 하는 말이 있다.

"눈빛을 보지요. 그 안에 담겨 있는 간절함. 그게 중요합니다."

화미주의 각 매장에서도 한 사람 한 사람 채용할 때마다 시간을 들여 선별하고 있다.

그만큼 인재의 중요성을 잘 알기 때문이다. 한 명, 한 명 눈빛과 주고받는 이메일, 문자 등을 통해 소양을 판단하고, 인재로 키워내기 위해 아낌없는 관심을 쏟고 있다.

어떻게 하면 재미있게 일할 수 있을까

자신이 선택한 직업에 대한 간절함을 가진 사람의 일하는 방식이란 참으로 놀랍다. 일을 잘해내야만 하는 간절함은 언제 어디서나 샘솟는 활력의 에너지로 발산되고, 남과 다른 창의력으로 발현된다. 운이 좋게도 지난날 이런 친구를 여러 명 만났고, 그들과 함께하며 나 역시 배우고, 성장할 수 있었다.

미용실을 운영하기 전 블랙박스라는 커피숍을 운영할 때 만났던 이덕수도 바로 그런 사람이었다. 그와 나는 참으로 어려운 시절에 만났다. 알뜰하게 모은 돈을 모두 투자해 커피숍을 오픈했는데, 몇 달 동안 손님이 전혀 들지 않아 무척 고생할 때였다.

"여기 아르바이트 안 구합니까?"

직원을 새로 채용하기는커녕 있는 직원도 내보내야 할 상황인데 그가 나를 찾아왔다. 모집공고도 안 붙인 커피숍 문을 열고 들어오는 그의 당당함이 먼저 내 주의를 끌었다. 직원 모집공고를 붙여도 대부분의 사람은 문을 반쯤 열고 슬쩍 둘러보다 작은 목소리로 "면접 보러왔습니다"라고 말을 하는 게 고작인데, 이 친구는 내 앞으로 성큼성큼 걸어와 자연스럽게 앉는 게 아닌가.

"아르바이트요? 누가 아르바이트생 구한다고 했어요?"라고 묻자 그는 "아르바이트생 안 필요합니까?"라고 되물었다. 남다른 태도가 흥미롭게 느껴져서 커피 한 잔 대접했는데, 맛에 대해 이러쿵저러쿵 품평을 시작했다. 알고 보니 근처 커피숍에서 주방장을 했던 경력이 있었다. 하지만 직원채용 계획이 없던 나는 그를 돌려보내야 했다. 그런데 웬일인지 그냥 보내기가 무척 아쉬웠다.

"덕수라고 했습니까? 제가 지금 있는 직원도 내보내야 할 만큼 어렵게 커피숍을 운영하고 있습니다. 한 가지만 묻겠습니다. 만약에 우리 커피숍에 취업하면 어떻게 일하겠습니까?"

나의 뻔한 질문에 그가 답했다.

"취업시켜주면 재밌게 일할게요."

뒤통수를 한 대 맞은 듯 정신이 번쩍 들었다. 대부분 면접에서 하는 말은 "시키는 대로 하겠습니다" 내지는 "열심히 하겠습니다"가 전부다. 그런데 이 친구는 다른 면접자들과는 다르게 "재미있게 일하겠습니다"라고 말하는 것이 아닌가. 생각지도 못한 그와의 만남 이후 쪽방에 돌아온 나는 쉽게 잠이 들지 못했다.

'대체 재미있게 일하는 건 어떻게 하는 거지?'

나는 당시 일이 정말 재미없었다. 장사도 안 되고 돈도 못 버니 일이 재미있을 리가 없었다. 그즈음 일을 그만두고 나가는 직원 한 명이 내게 "거울을 좀 보세요"라는 얘기를 해준 적이 있다. 뜬금없는 얘기에 놀라 화장실로 달려가 본 거울 속 모습은 한마디로 가관이었다.

커피숍 사장이랍시고 멋을 좀 부린다며 머리에 했던 파마는 손질이 안 돼서 벼락이라도 맞은 듯 뻗쳐 있었고, 눈은 화로 가득했으며, 입꼬리는 기운 없이 축 처져 있었다.

직원이 커피숍을 그만두며 던져준 한마디는 '그런 꼴로 앉아 있는데,

어떤 손님이 오겠습니까?'라는 의미였다. 그때 당시만 해도 나에게는 서비스 정신이 전혀 없었다.

나는 이튿날, 바로 이덕수를 채용했다. '재미있게 일하는 방법'이 무척 궁금했기 때문이다. 출근 며칠 후, 그는 나보다도 열심히 '커피 무료 시음권'을 만들었고, 거리에서 전단을 돌릴 때는 사람들과 일일이 눈을 마주치며 유머를 담은 멘트로 강한 인상을 남겼다. 그뿐만이 아니었다. 다양한 서비스 음료를 개발하고, 커피숍을 종횡무진으로 움직이며 개그맨 뺨치는 퍼포먼스로 고객을 즐겁게 했다.

이덕수의 꿈은 호텔리어가 되는 것이었다. 그는 자신이 간절히 원하는 일을 해내기 위해 무엇을 해야 하는지 잘 알고 있었다. 커피숍의 직원으로 일하면서도 화수분처럼 샘솟는 활력과 기막힌 발상으로 다양한 마케팅 아이디어를 생각해냈다. 그 바탕에는 자신이 선택한 직업의 본질에 대한 이해가 깔려 있었다. 그가 커피숍을 가득 채웠던 즐거움의 에너지는 자기 자신이 아닌 고객의 입장에서 필요한 일을 하는 마인드에서 비롯되었다.

나를 위한 일과 고객을 위한 일은 다르다

어느 날 한 디자이너에게 이메일로 이런 질문을 받은 적이 있었다.

저는 미용실에서 성실하게 일하고 매일 늦게까지 남아서 연습하고, 교육도 많이 받았는데 왜 매출이 오르지 않을까요?

남보다 더 열심히 일했고 더 많이 노력했다고 자부하는데, 기대한 성과를 얻지 못했을 때는 크게 낙담하게 된다. 그의 마음이 충분히 이해가 되었던 나는 정성스럽게 답장을 보냈다.

미용을 하면서 지내온 날들을 되돌려보세요. 뭐가 보이시나요?

열심히 했다고 생각하시지만, 열심히 하지 않으셨습니다. 그냥 매일 똑같은 일을 반복하셨을 뿐이지요. 매출이 오르기 위해서는 무엇이 필요할까요? 바로 고객입니다.

지금까지 개인적인 만족을 위해서 연습을 하셨던 것이지 한 번도 고객을 위하는 방법으로 연습하지는 않았던 것이지요.

만약 고객을 위한 마음으로 연습하셨다면 지금까지 해온 연습이 아닌 '지금 내가 가지고 있는 기술 안에서 어떻게 하면 고객을 더욱 만족하게 하고 감동하게 할 수 있을까'를 고민했을 것입니다. 그리고 그렇게 고민한 생각을 바로 행동으로 옮기셨겠지요.

그러다 반응이 없으면 또 다른 방법을 생각하고 또 행동에 옮기고, 디자이너의 처지가 아닌 고객의 입장에서 변화와 실천을 반복하셨을 겁니다. 그 후에 고객이 원하는 것이 무엇인지 알고 나면 그것을 채워주기 위해 무언가를 또 하셨겠지요.

헤어디자이너가 갖춰야 할 소양이란 단지 뛰어난 기술만이 아니다. 고객과 소통하는 감성, 고객 만족의 가치를 지향하는 마인드가 필요하다.

서비스 행동은 고객을 향한 사랑을 보여주는 것이다. 그런데 생판 남인 고객을 사랑하는 일이 말처럼 쉽지는 않다. 그래서 고객 사랑은 자신의 업을 진정으로 사랑하는 간절함에서 나온다고 생각한다. 고객의 만족을 위해 고객의 처지에서 생각하고, 노력하는 업이 바로 서비스업이고, 이것이 직업적 소명이다.

미용업뿐만이 아니다. 어느 분야든 자신의 업을 선택하고, 그 길에서 성공이라는 결과를 이뤄내기 위해서는 여섯 가지 기본 덕목이 필요하다. 자기 분야에서 최고의 실력을 인정받을 수 있는 전문성, 늘 새로움을 추구하는 창의성, 목표를 향한 뜨거운 열정, 주변 사람(고객)의 마음을 얻는 신뢰, 함께 일하는 동료들과 기꺼이 협력하는 팀워크 정신, 그리고 마지막으로 자기 일에서 즐거움을 찾는 것이다.

내가 직원 면접 시 빼놓지 않는 질문이 하나 더 있다. "앞으로 어떻게 살고 싶으세요?"라는 질문이다.

어떻게 살 것인가에 대해 바로 답을 할 수 있는 사람은 많지 않다. '어떻게'란 꿈과 비전을 묻는 말인데, 많은 사람이 구체적인 꿈과 비전을 갖고 있지 않기 때문이다. '어떻게 살 것인가'라는 질문에 답을 가진 사람에게는 이루고자 하는 간절함이 있고, 그 간절함을 채우기 위해 업의 본질을 고민한다.

이녁수라는 친구가 가르쳐주지 않아도 언제나 즐거운 에너지로 고객과 소통하며 창의적 아이디어로 매출에 기여할 수 있었던 이유와 밤낮

없이 기술을 연마했지만 디자이너의 매출이 오르지 않은 이유의 분명한 차이는 바로 그 질문 속에 담겨 있다.

일하는 방식

: 발상의 전환으로 혁신하라

CHAPTER 1

온리원(only one) 마케팅,
모방하고 뒤집어라

장사를 할 것인가, 사업을 할 것인가

장사와 사업의 차이는 무엇인가. 장사와 사업, 그 본질은 크게 다르지 않다. 하지만 결과물에는 큰 차이가 있다. 창출하는 수익의 규모와 경제적 영향력이 다르고, 무엇보다 지속 가능성에 큰 차이가 있다. 장사로 시작해 누구는 평생 장사꾼에 머물고, 누구는 사업가로 크게 성장한다. 장사와 사업의 차이, 그 중심에는 바로 발상의 다름이 있다.

고객이 오지 않으면 찾아가라

어릴 적 어머니는 읍내 장터에서 채소를 팔았다. 옆집의 밭 한 귀퉁이를 빌려 채소 몇 가지 심은 게 고작이지만, 아파 누워계시는 아버지를 대신해 가계를 책임졌던 어머니는 이른 아침부터 대나무 소쿠리 1~2개를 머리에 이고 옆구리에 끼고 부지런히 장터로 향하셨다.

장이 열리는 읍사무소 앞에는 동네 아주머니들이 광주리에 채소 한두 가지를 담아 놓고 장사를 했는데, 그중에서 어머니는 언제나 판매 1등이었다. 학생이었던 나는 학교를 마치면 장터로 어머니를 찾아 나서곤 했다. 그런데 갈 때마다 어머니는 없고, 늘 소쿠리만 자리를 차지하고 있었다.

"우리 어무이는예?"

"아, 느그 어무이는 소쿠리 하나 들고 저기 어데로 가던데……."

주위를 빙빙 돌며 어머니를 기다리는 사이 어머니 좌판 자리에 손님이 오자, 옆자리 아주머니는 자연스럽게 대신 팔아주셨고 판 돈을 어머니의 소쿠리에 담아두셨다.

알고 보니 어머니는 장터에 도착하면 우선 자리를 잡고, 슬그머니 채소 소쿠리를 맡겨둔 채 다른 소쿠리 하나를 들고 장터 안 식당을 누비며 채소를 파셨다. 다른 아주머니들은 한자리에 앉아서 오는 손님만을 기다렸는데 어머니는 좌판 자리뿐만 아니라 식당을 돌아다니며 적극적으로 장사하셨다. 이것이 바로 어머니가 동네 아주머니들보다 늘 2배 이상 많이 파는 비결이었다.

돌이켜 생각하니 어머니의 기가 막힌 발상이 참으로 놀랍기만 하다. 비슷한 크기의 소쿠리 하나씩 들고 장사에 나선 어머니들의 목표는 모두 같았다. 장사하는 장소도 같았다. 파는 상품도 비슷했다. 달랐던 것은 오직 하나, 생각이었다. 모두가 '손님이 오면 판다'고 생각하고 있을 때, '오지 않는 고객을 직접 찾아가면 팔 수 있다'고 생각하는 발상의 전환이 놀랍지 않은가.

나는 평소 장사와 세일즈, 비즈니스와 사업의 정의를 명확하게 이해하는 것의 중요성을 강조한다. 사전적 의미로는 비슷한 4개의 단어를 분명하게 구분하는 이유는 지금 자신이 하는 일이 어느 단계에 있는지 인식해야만 평생 장사에 머물지 않고, 비즈니스와 사업의 단계로 성장할 수 있기 때문이다.

장사, 세일즈, 비즈니스, 사업을 구분 짓는 발상의 다름

장사란 무엇인가. 나는 '(고객이) 오면 파는 행위'라고 정의한다. 그래서 장사는 쉽다. 가게를 차려놓고 오는 고객에게 물건 혹은 서비스를 팔면 된다. 옛날 동네 아주머니들이 온종일 같은 자리에서 광주리를 놓고 채소를 팔았던 것이 바로 장사다.

반면 세일즈란 '(고객에게) 가서 파는 행위'다. 고객이 먼저 어서 오라며 반기는 경우가 많지 않기 때문에 당연히 세일즈는 장사보다 어렵다. 어머니가 소쿠리를 들고 식당을 찾아다니며 "필요한 채소 없습니까?"를 외치는 것이 바로 세일즈이며, 다른 동네 아주머니들보다 더 높은 매출을 올릴 수 있었던 이유다. 내가 젊은 시절부터 "장사에 소질이 있다"는 말을 자주 들었던 이유도 장사가 아니라 세일즈를 했기 때문이다. 무엇을 팔든 가게에 앉아 무작정 고객을 기다려본 적이 없다.

작은 냉동사를 운영할 때도, 농공사 수금원으로 있을 때도 고객을 찾아다녔다. 심지어 나를 원하지 않을 때도 꾸준히 얼굴을 알리며 잊히지 않기 위해 노력했다. 미용 업계에 발을 내디딘 후 10년 동안은 거리에서 매일 2,000장이 넘는 홍보물을 직접 나눠주며 고객을 찾아다녔을 정도다.

그렇다면 비즈니스는 무엇인가. 고객이 한 번 찾아왔을 때 '또다시 와야 할 명분을 주는 행위'를 말한다. 장사 혹은 세일즈를 해서 어렵게 확보한 고객의 충성도를 높이는 서비스를 개발하고 마케팅을 고민하는 것이 바로 비즈니스다.

내가 초창기 개발한 다양한 고객 서비스 상품들은 바로 비즈니스의 산물이다. 화미주에 들어서면 가장 먼저 듣게 되는 인사 "사랑합니다"를 통해 강렬한 첫인상을 남겼고, 디자이너와 파트너의 존칭어 사용으로 품격 있는 분위기 조성으로 고객이 다시 오고 싶은 공간을 만들었다. 트렌드를 선도하는 미용기술을 적극적으로 도입하고, 다양한 패키지 상품과 멤버십 상품의 개발로 고객이 우리를 지속해서 찾도록 유도했다. 이와 같은 비즈니스 활동을 통해 화미주는 브랜드 미용실에서 더 나아가 미용 그룹으로 성장할 수 있었다.

마지막으로 사업은 예측 가능한 비즈니스다. 지난 1986년 파리미용실에 입사한 후 30여 년 동안 나는 하루도 빠짐없이 일기를 썼다. 직원, 고객과 있었던 일을 비롯해 날씨, 인상 깊은 글귀나 신문 기사를 오려 붙여놓기도 하고, 문득 떠오르는 홍보 아이디어 등을 기록했는데, 반드시 빼놓지 않고 적은 것이 그날 하루의 매출이다.

같은 실수를 반복하지 않고, 실책을 줄이기 위해 적어 놓은 이 기록들은 비즈니스를 위한 전략으로 매우 유용했다. 통계가 누적될수록 일별, 월별 데이터 분석이 가능해졌다. 날씨와 매출, 계절별 매출 변동, 고객과 매출의 상관관계 등 살아 있는 데이터를 통해 다음 분기, 내년 그리고 5년 후를 예측한 마케팅 전략과 상품개발은 물론 미래 지속 가능한 경영을 위한 새로운 비즈니스 모델도 구축할 수 있게 되었다.

모든 창업의 시작은 장사다. 하지만 모두가 꿈꾸는 결론은 사업이다. 이는 장사에서 세일즈로, 세일즈에서 비즈니스로, 비즈니스에서 사업으로 한 단계씩 성장해나가야만 가능하다.

나는 장사꾼과 기업가의 차이를 만드는 요소를 복잡하게 생각하지 않는다. 미용실 총무에서 미용 그룹의 CEO로 성장하기까지 내가 유난히 남달랐다고 자부하는 것은 바로 목표와 비전을 향한 의지와 자유롭게 발상을 전환하는 습관이다.

상식에서 벗어나 생각을 뒤집으면 바로 그곳에 전혀 보이지 않던 새로운 기회가 있다. 그 기회를 찾아내기 위해 과감하게 변화를 시도하는 것이 바로 혁신이다. 포화상태인 미용 시장에서 살아남기 위한 탈출구를 찾는 데 필요한 것이 혁신이고, 그 혁신을 가능케 하는 것이 바로 발상의 전환이다. 이것이 장사꾼과 기업가를 결정하는 가장 큰 차이다.

모방하되 재창조하라

언제부터인가 짬뽕 라면이 큰 인기를 끌기 시작했다. 모 회사의 짬뽕 라면이 인기를 끄니 모든 라면 회사가 경쟁적으로 짬뽕 라면을 만들었다. 하지만 판매 순위는 좀처럼 바뀌지 않는다고 한다. 모 브랜드의 과자 허니○○○이 없어서 못 팔 정도로 인기가 높을 때도 타 브랜드에서 비슷한 이름의 똑같은 제품들이 쏟아졌고, 바나나 초코○○이 잘 팔리자 역시 모방(me too) 제품이 쏟아졌지만 처음 시장에 선보인 제품만큼 인기를 끌지는 못했다.

옛날이나 지금이나 장사가 잘되는 식당 옆에는 꼭 같은 음식을 파는 가게가 문을 연다. 하지만 원조집에서 파는 음식을 군이 똑같이 모방한 식당에서 먹기 위해 줄을 서는 고객은 많지 않다. 그런데 간혹 최초 브랜드를 넘어 모방 제품이 승리하는 경우가 있고, 모방 식당이 원조라는 프리미엄을 무색하게 만드는 드라마가 연출되기도 한다.

출발은 같아도 결과가 다른 마케팅 전쟁에서 승과 패를 결정짓는 것은 바로 모방과 창조의 차이를 만드는 발상의 전환이다.

창조적 아이디어의 시작은 모방이다

미용서비스 시장은 모방이 가장 빠르게 확산하는 분야라고 해도 과언이 아니다. 잘되는 미용실에서 시행하는 서비스는 순식간에 옆 미용실, 아니 전국의 미용실로 확대된다. 우리가 한발 앞서 도입한 다양한 고객 서비스 역시 이제는 어디에서나 쉽게 접할 수 있는 흔한 상품이 되었다. 하지만 여러 미용실에서 도입한 화미주표 서비스가 모두 성공한 것은 아니다. 옆집에도 뒷집에도 있는 서비스를 뒤늦게 따라서 도입하는 것은 마케팅이 아니다.

화미주의 마케팅이 고객의 마음을 사로잡을 수 있는 이유는 모방이 아닌 창조에 있다. 그렇다면 화미주는 어떻게 남이 생각하지 않은 최초의 생각, 창조적 아이디어로 마케팅을 시도할 수 있었던 걸까. 아이러니하게도 답은 바로 모방에 있다.

화미주가 급격하게 성장할 때의 일이다. 화미주 브랜드가 널리 입소문을 타면서 매장은 언제나 고객으로 북적였다. 미용실 대표로서 이보다 신나는 일이 또 있을까. 하지만 내게 큰 고민이 있었는데, 바로 기다리는 고객의 불만이 갈수록 증가하는 문제였다. 고객이 참다못해 "언제까지 기다려요?", "벌써 2시간이 넘게 기다렸어요"라며 볼멘소리로 항의할 때마다 직원들은 진땀을 흘렸다.

하루 이틀 사이에 미용실을 확장할 수도 없고, 파마와 커트를 기록적으로 빨리 끝낼 수 있는 특별한 기술이 있는 것도 아니었다. 고객의 불편한 마음을 충분히 이해했기 때문에 속이 타들어 갔다. 그러나 도무지 해결 방법이 떠오르지 않았다.

그러던 어느 날, 우연히 식당에 처음 물수건이 등장하게 된 이유에 대한 재미있는 이야기를 듣게 되었다. 식당에 가면 당연하게 제공되는 물수건서비스가 처음 시작된 곳은 일본의 한 우동가게라고 했다. 규모는 작지만 기가 막힌 맛으로 소문이 자자한 우동가게는 언제나 사람들로 북적였다. 그러다 보니 손님들은 자리가 날 때까지 길게 줄을 서서 기다리는 일이 많았는데, 무료했던 손님들의 시선은 주방으로 향했다.

주방장은 기다리는 손님들이 자신만을 쳐다보는 상황이 민망하고 죄송했다. 잠시라도 손님들의 시선을 돌려볼 수 없을까를 고민하던 주방장이 찾아낸 방법이 바로 물수건서비스였다.

손님들에게 따뜻한 물수건을 제공하자, 손님들은 주방장을 쳐다보지 않게 되었다. 손을 닦으며 일행과 즐겁게 대화도 나눴다. 손님들에게 그 시간은 더 이상 기다리는 시간이 아니라 손을 닦으며 대화를 즐기는 여유의 시간이 되었다.

이 얘기를 듣자마자 내 심장이 벌떡벌떡 뛰기 시작했다. 절로 새어 나오는 웃음을 참기도 힘들었다. 오랜 고민을 해결할 방법을 마침내 찾은 것이다.

발상의 전환이 만들어낸 최초의 효과

'그래, 고객의 시간을 훔치자.'

문제는 방법이었다. 물수건이 아닌 전혀 새로운 방법으로 기다리는 시간을 완벽하게 고객의 시간으로 만들어 돌려줘야만 했다. 나는 고객관리를 위해 미용실에 들여놓은 컴퓨터를 생각했다. 언젠가 직원들이 컴퓨터에 설치된 무료 별자리 프로그램을 재밌게 들여다보던 모습이 떠올랐다. '여성들에게 특히 인기가 높은 별자리 점 프로그램을 무료로 이용할 수 있게 서비스를 제공한다면, 지루함을 재미로 바꿀 수 있지 않을까' 하는 생각에 당장 컴퓨터를 몇 대 더 사들이고 무료 사주 및 별자리 점 프로그램을 설치했다.

고객의 반응은 폭발적이었다. 함께 온 친구와 점을 보며 "나 내년에 결혼하나 보다", "너는 아들만 셋을 낳는대"라며 깔깔 웃는 동안 대기 시간은 훌쩍 지나갔다. 고객의 불만은 줄어들었지만 나는 여기에서 만족하지 않았다. 한 걸음 더 나아가 이 서비스를 고객관리와 연계하는 방안을 생각해냈다. 프로그램 이용 시 반드시 회원가입을 하도록 설정했다. 당시 우리 미용실은 회원카드 작성을 통한 고객관리 시스템을 운용하고 있었다. 그런데 고객이 필수 정보를 쓰지 않아 홍보물 발송 등에 큰 어려움을 겪고 있었다.

하지만 별자리 점 프로그램을 이용하기 위해서 고객은 흔쾌히 회원에 가입하고 개인정보 등록에 동의했다. 물론 이 정보는 고객에게 다양한 쿠폰과 사은품 증정, 신상품 안내 등을 위한 목적 외에 사용되는 일이 없도록 매우 엄격하게 관리되고 있다.

무료 별자리 점 서비스는 예상대로 빠르게 주변 미용실로 퍼져나갔고 심지어 보험회사, 화장품 회사 등도 우리 프로그램을 도입하기 시작했다. 결국 얼마 안 가 화미주 서비스는 더 이상 특별함을 유지할 수 없었다.

하지만 선도적 도입 효과는 컸다. 재미있고, 새로운 트렌드가 시작되는 화미주 미용실의 이미지만큼은 어느 곳도 모방할 수 없었기 때문이다. 경쟁업체에서 빠르게 모방을 하더라도 창조가 갖는 힘은 이토록 크다.

·········

벤치마킹, 업종을 뛰어넘어라

벤치마킹(bench marking)의 사전적 뜻은 '경쟁 업체의 경영 방식을 면밀히 분석해 그 업체를 따라잡는 전략'이다. 한마디로 자신의 경쟁력을 높이기 위해 남이 성공한 혁신 기법을 배우라는 얘기다. 그런데 내가 배워야 할 '남'을 찾는 일이 쉽지만은 않다. 때문에 대부분 같은 업종에서 조금 잘나가는 업체의 전략, 혹은 남들이 다 하는 서비스를 그냥 따라 하게 된다. 하지만 경험상 벤치마킹은 경쟁자, 특히 동종업계의 성공 사례에서 벗어날 때 더 창조적인 발상이 가능하다. 그만큼 성공적인 결과를 이뤄낼 가능성도 높을 수밖에 없다.

분식집 세트 메뉴가 화미주 패키지 상품으로

미용실의 상품은 대부분 비슷하다. 아니 거의 같다. 커트, 드라이, 파마, 염색, 영양, 두피관리 등으로 크게 나뉘고, 트렌드에 따라 세부 상품들이 등장한다. 그래서 기본 중의 기본 경쟁력인 미용기술과 브랜드 이미지가 고객의 선택에 큰 영향을 미치게 된다. 그럼에도 불구하고 새로운 서비스 상품 개발은 필요하다. 고객의 니즈를 반영한 다양한 상품과 신선한 서비스가 없다면 새로운 고객을 유치하기도, 기존 고객을 유지하기도 어렵기 때문이다.

미용실에 흔히 있는 패키지 상품은 화미주가 업계에서 거의 최초로 선보인 상품이다. 패키지 상품은 미용실의 주요 서비스를 다양한 형태로 묶은 것을 말한다. 머릿결이 좋지 않으면 염색도 예쁘게 되지 않고, 파마도 잘되지 않는다. 때문에 고객은 파마와 염색 외에 영양서비스, 그리고 더 나아가 두피관리 등에 관심이 많다. 하지만 이 모두를 선택하기에는 가격 부담이 큰 것이 사실이다.

'어떻게 하면 고객의 부담을 낮추면서도 더 많은 서비스를 구매하도록 할 수 있을까.'

나는 그 고민으로 하루하루를 보냈다. 답을 찾은 곳은 뜻밖에도 분식집이었다. '라면이나 먹을까'라며 우연히 들른 한 분식집에서 발견한 것이 바로 세트 메뉴였다.

라면만 먹자니 김밥도 먹고 싶고, 떡볶이도 함께 먹고 싶은 고객의 마음을 그대로 반영한 것이 바로 세트 메뉴다. 음식점에서는 일반화된 세트 메뉴를 왜 미용실에 적용할 생각은 아무도 하지 못했을까?

이렇게 하여 패키지 상품이 기획됐다. 화미주 패키지 상품을 기획하며 고객 입장을 최우선으로 고려했다. 패키지 상품으로 묶다 보면 자칫 사업주의 입장에서 이익이 되는 제품을 묶는 오류가 발생한다. 그래서 우리가 일방적으로 묶은 상품이 아니라 고객이 원하는 2개의 상품을 직접 선택하도록 했다. 여기에 이용 횟수에 따라 할인율을 크게 적용해 고객의 지속적인 이용을 유도했다.

패키지 상품 개발은 고객과 미용실이 함께 '윈-윈'하는 전략이었다. 고객은 패키지 상품을 통해 필요한 서비스를 좀 더 저렴하게 이용할 수 있고, 미용실은 한 번 올 고객이 두 번, 세 번 계속 방문하게 되니 당연히 좋을 수밖에 없다.

패키지 상품의 인기는 대단했다. 찾는 고객이 많을수록 더 많은 아이디어가 상품 구성에 반영되었고, 고객 반응에 자신감을 갖게 된 디자이너들은 더 당당하게 상품을 제안할 수 있는 선순환이 일어났다. 매출 또한 많이 증가했으며 개인의 역량에 따라 월 1,000만 원 이상의 수입을 기록하는 디자이너도 덩달아 증가했다. 패키지 상품은 화미주의 성장에 크게 공헌한 히트 상품이다.

앞선 자의 혁신적 사고를 이해하라

어떤 히트 상품도 정체기로 접어들기 마련이다. 패키지 상품의 매출 또한 시간이 흐르면서 정체기에 접어들게 되었다. 나는 다시 새로운 상품 개발에 골몰했다. 성공하는 상품은 좋은 전략에서 만들어지는데, 바로 벤치마킹 과정에서 최적의 아이디어로 완성되는 경우가 많다. 하지만 아무리 생각해도 마음을 끄는 벤치마킹 모델을 찾지 못해 고민만 한가득 안고 있었다.

그러던 어느 날, 딸과 함께 대형 할인점 코스트코를 찾아갈 일이 있었다.

"아빠, 여기는 회원이 아니면 쇼핑이 아예 불가능해요."

딸의 말에 나는 깜짝 놀랐다. 매장에 입장하기 전 반드시 연간 회비를 내는 회원카드를 제시해야 한다는 것이다.

'내 돈을 주고 물건을 사는데, 연간 회비를 또 내야 한다니.'

회원제 시스템이 생소했던 나에게 딸의 말은 충격으로 다가왔다. 그러나 고객은 코스트코의 저렴하고 특별한 상품들을 구매하기 위해 기꺼이 유료 회원으로 가입하고 있었다. 열심히 물건을 고르는 딸의 뒤를 따라다니는 동안 옛날의 기억 한 자락이 나를 찾아왔다.

어릴 적 나와 동생은 언제나 같은 이발소를 다녔다. 이발소 주인 아저씨는 나와 동생이 가면 무조건 머리를 앞으로 숙이라고 한 후 바리깡으로 밀어버렸다. 그게 싫어서 매번 가기 싫다고 울며 떼를 썼지만 어머니는 단호했다.

"이미 보리 한 말을 갖다 줬다. 암말 말고 가서 깎아라."

해마다 어머니는 여름에 보리를 수확하면 보리 한 말을, 가을에는 벼

한 말을 동네 입구에 있는 작은 이발소에 가져다주었다. 1년 동안 집안 남자 2명의 머리를 자르는 비용을 미리 내신 건데, 요즘으로 말하자면 연간회원으로 등록을 한 것이다.

이런 시스템을 이용하는 것은 우리 집뿐만이 아니었다. 마을 사람들 대부분이 같은 조건으로 동네 이발소를 이용했다. 친절하지도 않고, 기술도 뛰어나지 않은 이발소 아저씨의 묶음 마케팅이 새삼 놀랍기 짝이 없다.

그날 이후 화미주에도 '연간회원권'이 등장했다. 유료 회원들에게 1년 내내 약 50%의 할인을 받을 수 있는 파격적인 혜택을 주는 조건이었다. 그런데 생각지도 못한 점주들의 반대에 부딪혔다. 프리미엄 미용실 화미주에서 연중 할인행사를 하면 브랜드 이미지에 좋지 않을 것이라는 우려가 가장 컸다. 하지만 내 생각은 달랐다. 오히려 화미주의 서비스를 받고 싶지만 프리미엄의 이미지와 가격부담 때문에 찾지 못하는 더 많은 고객을 확보할 수 있는 좋은 전략이라고 확신했다.

결과는 역시 좋았다. 패키지 상품과 연간회원권은 서로의 장단점을 보완하며 성장을 견인했으며, 대표 서비스 상품으로 자리 잡았다.

그러나 상품과 서비스를 하나의 상품으로 구성해 고객을 꽁꽁 묶어두는 마케팅은 더욱 세심하고 철저한 운용이 필요로 한다. 이미 돈을 받았으니 고객도 잡은 것이라고 방심하는 순간 오히려 큰 손실을 볼 수 있다. 기술력과 서비스의 만족도가 기대에 충족하지 않으면 고객은 언제라도 환불을 요구할 수 있으며, 다시는 그 미용실을 찾지 않을 것이기 때문이다.

　남이 하지 않는 마케팅 전략을 고민할 때 무(無)에서 유(有)를 창조해야 한다는 부담을 가질 필요는 없다. 가장 중요한 것은 업종을 가리지 말고 시야를 넓혀 앞선 자(업체)의 혁신적 사고를 이해하는 것이다. 그래야만 나만의 차별화된 전략을 세울 수 있고, 최초 또는 1위라는 이름의 창조적 상품(서비스)을 만드는 발상의 전환도 가능하다. 이것이 바로 벤치마킹의 핵심이다.

퍼주고도 남는 밑밥 마케팅

어릴 적 우리 집 앞에 큰 저수지가 있었다. 늘 고기를 잡는 사람들이 많았는데, 그중에는 초등학교 5학년 때의 담임 선생님도 계셨다. 선생님의 낚시 실력은 최고였다. 어느 자리에서든 선생님이 낚싯줄을 던지면 언제나 크고 굵은 물고기들이 줄줄 따라 올라왔다. 참으로 신기한 일이었다. 몇 차례 조용히 지켜보던 나는 어느 날 선생님께 그 비법을 물었다.

"내가 낚시하러 오기 전에 깻묵 좀 미리 던져 놓으라고 했지? 그게 바로 밑밥이다. 사람이든 물고기든 밑밥이 있어야 몰려드는 기다."

밑밥은 물고기를 불러모으거나 붙들어두기 위해 흩뿌려두는 미끼로,

낚싯바늘 끝에 있는 진짜 미끼와는 다르다. 한마디로 '덤'인 셈이다.

비즈니스에서 덤 전략은 분야를 막론하고 광범위하게 활용된다. 햄 버거 브랜드에서 새로운 세트 상품을 론칭할 때 등장하는 장난감, 빵 포 장 안에 있는 인기 캐릭터 스티커, 여성지를 구매하면 함께 주는 가계부, 식당에서 갈비를 먹으면 주는 냉면, 떡볶이집에서 제공하는 공짜 팥빙 수 등 종류도 다양하다.

그런데 이 덤은 단순한 서비스 이상의 힘을 발휘할 때가 많다. 가계부 를 받기 위해 여성지를 구매하고, 갈빗집인데 냉면이 더 입소문을 타기 도 하며, 공짜 팥빙수를 먹기 위해 떡볶이집에 줄을 선다. 순댓국보다 주 인 할머니 욕이 좋아서 식당을 찾고, 한 번 본 얼굴을 기막히게 알아보고 안부를 묻는 직원의 뛰어난 기억력이 좋아서 단골이 되기도 한다.

마치 저수지에 뿌려놓은 깻묵에 이끌려 물고기들이 모이고 결국 낚 싯바늘 끝의 미끼를 물게 되는 것, 나는 이것을 '밑밥 마케팅'이라고 부 른다.

오픈 두 달 만에 7배로 성장하다

10대에 이미 작은 가게의 사장이 되었고, 20대 초반에 신발장사로 큰돈을 벌기도 했지만, 내가 진짜 밑밥 마케팅을 고민하고, 그 힘을 경험 한 것은 커피숍을 운영할 때였다.

27세에 '장사만큼은 자신이 있다'는 믿음 하나로 벌어둔 돈을 모두 투자한 커피숍은 오픈 두 달 동안 말 그대로 파리만 날렸다. 거리에서 홍보 전단도 돌려봤지만 기대만큼의 효과는 없었다. 커피숍의 하루 매출은 평균 3만 원, 그대로 간다면 망할 것이 뻔했다. 하지만 오픈하고 넉 달째가 되었을 때 상황은 달라졌다. 커피숍의 하루 매출은 15~20만 원으로 약 7배 성장했고, 커피숍 블랙박스는 부산 광복동의 명소가 되었다. 두 달 만의 이 놀라운 반전을 만들어낸 것이 바로 '밑밥'이었다.

커피숍에서 시도한 다양한 밑밥들은 30여 년이 흐른 지금도 어색하지 않을 정도로 기발했다. 처음 시도한 밑밥은 '커피 무료 시음권'이었다. 당시에는 흔하지 않던 무료 시음권은 고객 유인에 큰 효과가 있었다.

두 번째는 '사장님 서비스'였다. 메뉴 중 가장 비싼 파르페를 무작위로 여성 고객에게 무료로 제공했는데 입소문은 물론 남성 고객 확대에 큰 영향을 미쳤다.

세 번째는 '공중전화 공짜 서비스'다. 당시 대부분 커피숍에는 공중전화가 있었다. 휴대폰이 없던 시절 사람들은 커피숍 공중전화를 이용해 만남을 약속했다. 그래서 커피숍들은 동전을 바꿔주는 서비스를 제공했는데, 우리는 아예 동전을 가득 담아놓고 공짜로 공중전화를 이용하도록 했다.

무료 시음권으로 커피를 마시고, 운이 좋으면 비싼 파르페도 먹을 수 있으며, 공짜로 전화도 걸 수 있는, '막 퍼주는' 커피숍이 있다는 소문은 삽시간에 부산 시내로 퍼져나갔다.

그리고 마지막으로 이 기발한 밑밥들보다 더 강력한 한 방이 있었는데 바로 재미있는 직원들의 퍼포먼스였다. 서빙을 할 때 직원들이 엉덩

이를 실룩거리며 걷는 독특한 서빙 워킹으로 가게를 종횡무진으로 움직였고 테이블에 찻잔을 놓기 전 빙그르르 한 바퀴 도는 블랙박스표 퍼포먼스는 언제나 고객의 웃음을 자아냈다.

블랙박스만의 고객 화법도 분위기 조성에 한몫했다. 혼자 온 고객에게는 "맛있게 드십시오", 연인들에게는 "즐거운 시간 되십시오"라는 차별화된 말을 통해 고객은 특별하게 배려받는 기분을 느꼈고, 블랙박스는 줄을 서서라도 꼭 오고 싶은 장소가 되었다.

고객을 감동하게 한 화미주 밑밥 마케팅

나는 화미주를 찾는 고객이 많아질수록 한 번 왔다가 떠나는 곳이 아니라, '계속 오고 싶고, 머물고 싶은 곳'으로 만들 방법을 고민했다. 그러다 보니 늘 고객의 표정에 온 신경을 집중했는데, 가장 난감할 때가 바로 오랫동안 순서를 대기하는 고객을 바라볼 때였다.

나는 고객이 미용실에 들어서자마자 바로 시술을 시작한 듯 느낄 수 있다면 고객 만족도를 크게 높일 수 있을 것으로 판단했다. 그래서 생각해낸 것이 바로 '무료 영양 트리트먼트'였다. '무료 영양 트리트먼트'에 대한 고객 반응은 폭발적이었다. 고객에게 무료로 영양 서비스를 받는 시간은 더 이상 기다림이 아니었다. 게다가 머릿결을 보호해주는 미용실이라는 입소문까지 퍼져나갔다.

나중에는 고객을 따라온 친구에게도 영양 혹은 드라이 서비스를 해주었다. 보통 어린 나이의 고객은 머리를 할 때 친구와 함께 오는 편이다. 그런데 함께 온 친구는 그 시간에 TV를 보거나 잡지를 뒤적이며 1~2시간을 허비하게 된다. 그 모습이 안쓰러워 우리가 할 수 있는 선에서 서비스를 해주었는데, 이 무료 서비스가 밑밥이 되어 엄청난 고객 확보로 이어졌다. 밑밥 서비스는 이후 회원 고객이 지인을 추천할 경우 50% 할인한 가격으로 서비스를 제공하는 등 더 다양한 형태로 발전시켜 나갔다.

무료 서비스라고 해서 저렴한 제품을 사용하거나 대충 시술한 것은 아니다. 나는 모든 무료 서비스에 최고의 제품을 고집했다. 디자이너 출신이 아니었던 나는 헤어제품에 대해 아는 것이 많지 않았다. 그래서 자칫 품질이 좋지 않은 제품으로 고객의 머릿결을 상하게 할 것이 걱정되어 무조건 최고 비싼 제품만을 사용했다. 덕분에 고객은 "화미주에서는 최고의 서비스를 받을 수 있다"는 소문이 사실이었다며 칭찬을 아끼지 않았다.

진심을 담은 밑밥만이 성공한다

물론 모든 밑밥이 성공하는 것은 아니다. 실제로 블랙박스와 화미주의 다양한 서비스를 그대로 도입한 주변의 업체들은 눈에 띄는 성공의 사례를 만들지 못했다.

한번은 모 교육 기관에서 메뉴와 서비스에 대한 강의를 진행한 적이 있었다. 강의가 끝난 후 요식업 경력 수십 년을 자랑하는 사장님들이 내게 질문을 쏟아내기 시작했다. 그중 한 분이 "식당에서 판매하는 백반에 무려 열 가지의 반찬을 서비스로 내놓고 있지만 손님들의 반응은 신통치 않다"고 하소연했다.

"사장님, 이렇게 한번 해보세요. 10개의 반찬 중 손님들이 제일 잘 드시는 반찬 3개는 양을 더 많이 주시고, 나머지는 바꾸고, 보완하세요. 한 달 후에 또 제일 잘 드시는 반찬 3개는 많이 주시고, 반찬 4개는 그대로, 반찬 3개는 또 바꾸세요. 이렇게 6개월 동안 계속 변화를 시도해보세요. 입소문이 날 겁니다."

그러자 그분의 표정이 살짝 어두워졌다. 이유인즉슨, '그렇게 퍼주면 남는 게 없다'는 거였다. 열 가지의 반찬을 서비스로 제공하는 것은 분명 밑밥 전략이지만, 정작 손님을 배려한 진심은 담겨 있지 않은 전략인 셈이었다.

고객은 무조건 무료로 퍼준다고 해서 감동하지 않는다. 밑밥의 핵심에는 반드시 진심이 담겨 있어야 한다. 이것이 반찬 열 가지를 퍼줘도 고객이 오지 않은 이유다.

성공을 만든 역발상, 2등 전략

간혹 도저히 길이 보이지 않을 때가 있다. 흔히 말하는 정석의 방법을 모두 해봐도 안 될 때, 생각의 길을 뚫는 방법은 바로 그 생각을 뒤집는 것이다. 기존의 고정관념과 통념을 벗어났을 때, 사람들은 새로움을 느끼고, 감동하고, 공감한다. 모두가 '1등'을 외칠 때, 나 홀로 부족함을 고백함으로써 고객의 마음을 활짝 연 '역발상 전략'으로 위기를 극복한 화미주의 사례를 소개한다.

화미주는 멍텅구리 미용실입니다

1990년대 초반 무렵부터 화미주는 빠르게 안정적인 성장세로 접어들기 시작했다. 기술과 서비스는 물론 업계에서 선도적으로 선보이는 다양한 상품에 대한 고객의 반응은 여전히 좋았고, 우리의 브랜드 인지도는 탄탄하게 유지되고 있었다. 하지만 모두가 "이제 아무 걱정 없겠다"며 부러워하던 그때 나는 오히려 위기감을 느꼈다. 걱정할 정도는 아니지만 분명히 전과 다른 미세한 변화가 나타나고 있었다.

손님이 적은 한가한 시간이면 슬그머니 느슨해지는 직원들, 간혹 자기들끼리 장난을 치느라 고객을 소홀하게 대하는 믿지 못할 장면도 연출됐다. '우리가 최고'라는 자신감이 어느새 매너리즘으로 변해가고 있었다. 이러한 변화를 가장 먼저 알아차린 사람들은 바로 고객이었다. 전과 다르게 리콜 고객이 증가하고 있었다.

'어디서부터 무엇을 다시 시작해야 할까.'

나는 먼저 고객의 의견을 듣고 싶었다. 화미주의 서비스는 이미 업계에서 알아주는 수준이었던 만큼 무조건 새로운 아이디어를 고민하기보다는 우리가 미처 보지 못한 문제를 아는 게 순서라고 판단했다. 이것이 화미주의 고객 모니터링제가 탄생하게 된 배경이다.

그러나 의욕적으로 시작한 고객 모니터링 프로젝트는 처음부터 난관에 부딪혔다.

오랫동안 고민한 내용을 바탕으로 꼼꼼하게 작성한 설문지를 고객 3,000명에게 우편으로 발송했다. 그러나 답변을 준 고객은 20명이 채되지 않았다. 우편 발송을 할 때 고객의 부담을 줄이기 위해 반송 봉투와 우표까지 사서 넣었지만, 고객은 냉담했다. 처음이니까 그럴 수도 있다는 생각에 큰 고민 없이 또다시 3,000장의 설문지를 발송했다. 이번에도 돌아온 설문지는 20장이 채 되지 않았다. 그런데 20장이라는 개수보다 더 실망스러운 것은 바로 내용이었다.

주관식 문항은 아예 빈칸 그대로였고, 객관식 문항에만 표시한 성의 없는 설문지에는 고객의 진짜 목소리가 담겨 있지 않았다. 이유가 궁금했다. 모니터링 방법의 문제일까, 설문 구성의 문제일까, 아니면 고객에 대해 모르는 것이 너무 많은 걸까. 한참 동안 꼼짝 않고 자리에 앉아 옛날 경험들을 뒤적인 끝에 도달한 결론은 '나라도 안 해주겠다'는 것이었다.

설문지 응답에 걸리는 시간은 몇 분에 불과하지만, 고객의 입장에서는 매우 길고 귀찮은 시간이다. 그럼에도 불구하고 몇 분의 시간을 투자할 때는 '해야 할 이유'가 있기 때문이다. 내가 만든 설문지를 다시 들여다보았다. 언뜻 공손해 보일 수도 있지만 형식적인 인사와 오직 화미주가 알고 싶어 하는 질문으로만 가득한 설문지였다.

설문지를 바꿔야 했다. 고객이 질문에 답할 이유를 줘야만 했다. 하지만 무엇을 어떻게 바꿀 수 있을까. 매일 똑같은 고민을 반복하며 보내던 어느 날, 드디어 깨달음이 찾아왔다.

'우리는 2등입니다. 그래서 더 열심히 일합니다.'

미국의 렌터카 업체 에이비스(AVIS)의 지면 광고에 나온 말이다. 1960년대 미국 렌터카 시장 1위 업체 허츠(Herts)에 밀려 미미한 시장점유율을 유지하고 있던 에이비스는 이 광고 하나로 허츠를 흔들고, 당당한 2등으로 시장을 양분하는 결과를 만들어냈다. 이 사례는 '2등 전략'이라는 유명한 마케팅 용어를 탄생시켰고, 발상의 전환으로 거둔 성공 사례로 많은 곳에 소개되고 있다.

이 한 줄의 카피와 만났을 때 나는 코끝이 찡해지는 깊은 감동을 느꼈다. 기막힌 역발상에 담긴 진심에 공감했다. 솔직히 에이비스가 1등도 아닌 만년 2등이라고 고백한 것(실제로 2등도 안 되었다)은 대단한 일이 아니다. 사람들은 '1등'이나 '최고'라는 단어를 주목하고 신뢰한다. 하지만 사람들은 이 카피에서 2등이 아닌 그들의 땀을 읽었다. 그리고 고객의 사랑을 받는 1등이 되고 싶어서 끊임없이 노력하는 에이비스의 진심에 나 역시 공감했다.

나는 머릿속에 자리 잡고 있는 틀에 박힌 설문지 포맷을 버리기로 했다. 화미주라는 브랜드 인지도에 잠시 취했던 태도도 버렸다. 우선 뻔한 카피와 형식적인 질문부터 바꿨다. 첫 줄 카피부터 고객의 관심을 끌지 못한다면 설문지에 답해줄 리 없었다. 고객이 관심을 가질만한 카피를 생각해냈고, 고객에게 진짜 하고 싶은 말을 담아 조용히 편지를 써내려 갔다.

화미주 미용실은 멍텅구리 미용실입니다.

고객님과 함께 호흡할 수 없는 미용실은 멍텅구리 미용실입니다.

저희 화미주 미용실은 더 이상 멍텅구리 미용실이 되고 싶지 않습니다.

존경하는 고객님의 고언을 기다립니다.

진심이었다. 3,000명의 고객에게 의견을 물을 수 있지만, 단 10명의 고객에게서도 진실한 이야기를 들을 수 없는 화미주라면 1등, 2등을 떠나 '멍텅구리'일 수밖에 없다는 절박한 마음이었다.

역발상 전략, 흥미보다 진정성이 우선이다

이렇게 수정한 설문지는 이전과 마찬가지로 우편발송 방식으로 진행했다. 하지만 숫자는 크게 줄여 1,000명의 고객을 엄선했다. 이번에도 고객의 목소리를 들을 수 없다면 모니터링을 포기할 수도 있다고 생각할 만큼 비장했다.

그런데 얼마 후, 고객의 목소리가 담긴 설문지가 하나둘 도착하기 시작했다. 총 30장. 주변에서는 '겨우?'라는 반응이 많았지만 나는 속으로 환호를 외쳤다. 3,000명에게 물었을 때 채 20명이 답을 주지 않았는데, 그 1/3인 1,000명에게 물었음에도 30명이 답을 해주었다. 그리고 무엇보다 그 설문지에 담긴 내용에 감동했다. 주관식 답란을 넘어 설문지 뒷장까지 빼곡하게 고객의 진심이 채워져 있었다.

고객의 모든 의견은 지체 없이 개선책으로 적용됐다. 우리의 눈에는 보이지 않지만 고객의 눈에는 잘 보이는 진짜 문제들은 서비스 개선을 위해 필요한 내용이었다. 이후 나는 이 경험을 바탕으로 독특한 고객 모니터링제도를 만들었고, 20여 년이 흐른 지금까지 모니터링제도는 발전을 거듭하며 성장을 이끌고 있다.

역발상 전략은 고객에게 신선함을 선사하고, 동시에 강한 흥미를 유발할 수 있다. 그 매력 덕분에 항상 발전하고 트렌드를 연구하는 곳이라는 이미지를 창출할 수도 있다. 하지만 고객의 시선을 잡았다고 오랫동안 마음까지 붙잡을 수 있는 것은 아니다. 화미주의 멍텅구리 화법, 에이비스의 2등 전략이 고객의 마음을 열 수 있었던 것은 눈을 사로잡는 흥미보다 마음을 울리는 진정성이 있었기 때문이다.

발상의 전환과 역발상으로 창의적 전략을 고민할 때 절대로 잊지 말아야 할 것은 언제나 고객의 입장에서 생각해야 한다는 점이다.

········
고객은 좋은 경험에 충성한다

좋은 경험은 고객의 마음을 움직인다. 당연한 얘기다. 제품과 서비스를 구매할 때 고객의 선택 기준은 바로 경험을 토대로 형성된 감성적 정보이기 때문이다. 그런데 사람들은 나의 경험뿐만 아니라 남의 경험도 믿을 만한 정보로 인식한다. 친구와 가족, 혹은 연인과 멋진 식사를 하고 싶을 때, 헤어스타일을 바꾸고 싶을 때, 자동차, 컴퓨터, 하다못해 립스틱 하나 구매할 때도 주변의 추천이나 블로그, SNS의 정보를 찾는다. 경험정보에 대한 사람들의 신뢰도가 얼마나 높은지 알 수 있는 대목이다.

그래서 많은 기업과 업체들은 제품이 아닌 경험을 판매하는 전략을 세우고, 마케팅과정에서 고객에게 경험을 제공하는 방식을 자주 선택한다. 이는 더욱 쉽게 상품의 정보를 전달하고, 더 나아가 감동까지 이끌어낼 수 있기 때문인데, 이것이 바로 경험 마케팅(experience marketing)이다. 기업의 신상품 무료 체험 이벤트, 샘플 제품 무료 배포, 고객 참여 깜짝 이벤트, 대형마트의 무료 시식행사, 식당의 신메뉴 특별가격 프로모션 등의 행위가 모두 여기에 해당한다.

화미주의 에코프로젝트 역시 경험 마케팅으로 성공한 사례 중 하나다. 에코프로젝트는 '친환경' 미용실로 화미주의 브랜드 이미지를 구축하기 위한 사업으로 우리는 천연염색 상품 론칭에 맞춰 '1만 명 고객 경험' 이벤트를 진행했다. 이는 무려 1만 명 고객에게 천연염색 서비스를 무료로 시술해주는 행사였다. 고객이 마케팅 과정에 적극 참여하도록 기획된 에코프로젝트는 제품의 정보 전달, 서비스를 통한 가치 체험과 입소문 효과까지 1타 3피의 효과를 노린 승부수였다.

13억 원 이벤트가 만들어낸 입소문 효과

"염색이 정말 무료예요?"

"언제부터 해주는 거죠?"

화미주 에코프로젝트로 진행된 '1만 명 고객 대상 천연염색 무료 시술 이벤트' 광고가 나가자마자 모든 매장은 밀려드는 전화 문의로 업무가 마비될 정도였다. 고객의 반응이 이토록 폭발적이었던 이유는 단지 '무료'라는 매력 때문만은 아니었다. 사회적으로 분야를 막론하고 친환경에 대한 관심이 무척 커지고 있었고, 특히 미용 분야에서 천연제품에 대한 선호도가 빠르게 높아지는 등 친환경은 뜨거운 트렌드 이슈였다.

나는 고객의 요구를 적극적으로 수용할 수 있는 상품개발의 필요성을 느꼈고, 천연염색 시술이라는 새로운 서비스 상품을 도입했다. 이 천연염색은 열두 가지 식물과 다섯 가지 곡물에서 추출한 원료와 모발에 좋은 차를 사용한 제품이다. 일반 염색제와 달리 화학성분이 포함되지 않기 때문에 수질 오염을 줄일 수 있고, 무엇보다 고객의 모발건강을 최우선으로 고려한 프리미엄 친환경 제품이다.

천연염색을 도입하기 전 나는 꽤 오랜 시간 상품 개발을 담당한 기업과 성분, 사용법, 용기 디자인, 그리고 가격까지 꼼꼼하게 논의할 정도로 신경을 썼다. 또, 고객에게 친환경 미용실의 이미지를 편안하면서도 강력하게 전달하기 위해 실내공간을 바꿨다. 원목과 대리석으로 꾸며진 고급스러운 인테리어를 적용했고, 매장 곳곳에 천연성분 위주의 제품들을 진열하는가 하면, 은은한 아로마 향이 퍼지도록 해 미용실 어디에서도 건강한 편안함을 느낄 수 있도록 분위기를 조성했다.

세심하게 준비를 마친 후, 풀어야 할 가장 어려운 숙제는 바로 천연염색 상품을 고객에게 홍보하는 것이었다. 1회 시술에 13만 원이나 되는 상품이니 고객이 쉽게 접근하기 어렵다는 게 가장 큰 문제였다. 이런저런 고민 끝에 찾은 답은 '일단 써볼 수 있도록 하자'는 거였다. 광고를 할 수도 있지만, 그보다는 고객이 직접 사용하고 스스로 입소문의 매개 역할을 해주는 것만큼 좋은 홍보는 없다고 확신했다.

'시술을 한 번 받아보면 저절로 알게 될 것이다.'

나는 고객에게 '경험'을 제공하기로 했다. 그리고 이왕이면 더 많은 고객이 체험의 기회를 얻길 원했다. 그리하여 1만 명의 고객에게 13만 원의 천연염색 시술권을 무료로 제공하는, 무려 13억 원 규모의 이벤트가 탄생했다.

그런데 우리의 이벤트 소식에 전화를 걸어온 사람들은 고객뿐만이 아니었다. 일부 미용실의 항의가 빗발쳤다. "주변 미용실들을 다 죽이려는 거냐"는 항의성 전화는 물론 "불공정 거래로 신고하겠다"는 협박도 있었다.

하지만 주변 미용실을 위협한다는 주장에는 전혀 동의할 수 없었다. 새로운 상품을 홍보하기 위해 '고객 경험'을 유도하는 방식은 같은 업종의 타 업체를 공격하기 위한 전략이 아니다. 이는 글로벌 기업부터 동네 분식점까지 너무나 흔하게 활용하는 방법이며, 무엇보다 고객으로부터 긍정적인 평가를 받지 못한다면 오히려 안 하느니만 못한 마케팅이기 때문이다.

고객 경험은 강력한 마케팅의 요소다

드디어 6월 5일 세계 환경의 날을 맞아 화미주의 고객 이벤트가 시작됐다. 나는 무료 시술을 받는 고객이 천연염색 시술과정을 직접 눈으로 지켜볼 수 있도록 시연을 준비했다. 재료의 질감과 색, 향 등을 통해 고객이 오감으로 천연염색을 체험하길 원했기 때문이다.

디자이너가 고객에게 감초, 다시마, 하수오 등 천연 곡물가루에 대해

하나씩 설명을 시작하자, 고객은 반짝이는 눈빛으로 디자이너의 손길 하나하나에 집중했다. 이어 재료를 도자기 용기에 넣고 향이 좋은 허브 차와 혼합하니 특유의 싱그러운 향이 피어올랐고, 고객의 입에서는 작은 탄성이 터져 나왔다. 일반 염색을 할 때 경험했던 톡 쏘는 강한 화학 약품 냄새 대신 은은한 허브향이 나는 염색을 하는 색다른 경험에 기분이 좋은 듯 고객의 표정 또한 밝았다. 이때를 놓치지 않고 따뜻한 허브티 한 잔도 제공했다. 시술이 진행되는 동안 고객은 시각, 미각, 후각을 만족하게 하는 천연염색의 매력에 푹 젖어 들었고, 처음 경험한 천연염색에 대한 좋은 느낌은 고객의 뇌리에 강렬한 기억으로 남았다.

약 3개월 동안 1만 명의 고객이 무료로 천연염색 서비스를 경험했고, 입소문은 생각보다 훨씬 빠르게 퍼졌다. 처음 13억 원 규모의 파격적인 이벤트에 나 역시 전혀 걱정이 없었던 것은 아니지만, 우려를 한 번에 날려버릴 정도로 고객의 반응은 무척 좋았다.

이후로 많은 고객이 일반 염색보다 상대적으로 비싼 가격의 천연염색을 선택했고, 지금은 화미주의 대표적인 상품이 되었다. 어디 그뿐인가. '친환경'과 '프리미엄'이라는 화미주의 브랜드 이미지를 고객에게 효과적으로 전달할 수 있었으니, 13억 원의 마케팅은 확실하게 성공한 셈이다.

경험 마케팅의 핵심 요소는 제품 자체가 아니다. 무조건적인 제품의 체험만으로는 성공할 수 없다. 중요한 것은 어떻게 체험하는가이다. 즉 경험도 고객이 원하는 방식으로 제공해야 한다는 뜻이다.

레스토랑에서 새로운 메뉴를 홍보하기 위해 일정 기간 저렴한 가격으로 판매하는 프로모션을 진행한다고 하자. 사장은 맛에 집중하겠지만, 고객의 평가는 음식을 즐기는 과정의 경험에 더 크게 좌우된다. 더 고급스러운 상차림을 눈으로 보고, 더 새로운 방식으로 먹고, 더 친절한 서비스를 통해 감성을 충족해야만 비로소 좋은 경험으로 인식한다.

내가 이벤트를 통해 고객에게 제공하고 싶었던 것도 '무료'의 경험이 아닌 '좋은' 경험이었다. 만약 고객이 '비싼 염색을 공짜로 했다'는 경험에 머물렀다면 에코프로젝트는 결코 성공할 수 없었을 것이다. 하지만 당시 고객은 좋은 천연염색을 눈으로 보고 코로 느끼는 긍정적 경험을 했고, 천연염색이라는 상품 서비스를 통해 가치를 체험했다. 이처럼 고객에게 남다른 가치체험을 제공할 수 있다면 현재보다 더 큰 시장을 확보하고, 더 많은 고객을 충성도 높은 평생고객으로 변화시킬 수 있다.

잘나갈 때 다음 판으로 이동하라

세상에서 가장 위험한 일은 위험을 전혀 감수하려 하지 않는 것이다. 잡고 있는 헌 밧줄을 놓아야 새 밧줄을 잡을 수 있다. 똑같은 일을 비슷한 방법으로 계속하면서 나아질 것을 기대하는 것만큼 어리석은 일은 없다.

_알베르트 아인슈타인(Albert Einstein)

성공하는 사람들의 행보에는 공통점이 있다. 이들은 자신이 가장 잘나갈 때 과감히 새로운 일에 도전을 한다. 사람도, 기업도, 최고의 자리에 있을 때 변화를 주고 도전하고 새로운 선택을 해야만 오래 지속해 나갈 수 있다. 그런데 이게 말처럼 쉬운 일이 아니다. 잘나갈 때는 굳이 어려운 선택을 할 필요성을 느끼지 못하기 때문이다.

판이 바뀌면 주인공도 바뀐다

1900년 1월 1일, 미국 뉴욕 7번가를 가득 채우고 있는 마차들 사이에 자동차가 한 대 나타났다. 마차보다 속도도 느리고, 가격은 몇 배나 더 비싼 자동차는 절대로 대중교통 수단이 될 것 같지 않았다. 그런데 1913년 1월 1일 뉴욕 7번가의 거리를 수많은 자동차가 누비고 있었다. 그 사이로 마차 한 대가 힘겹게 지나갔다. 이제 사람들은 더 이상 마차를 타지 않는다. 불과 13년 만에 교통 시장의 패러다임이 완전히 바뀐 것이다.

13년 전 이 변화를 읽고 준비한 누군가는 자동차 운전을 배우고, 정비공장을 세우고, 자동차에 필요한 부품 개발 등에 나섰을 것이다. 하지만 그렇지 않은 사람은 마부가 되기 위한 준비를 하거나, 마구간을 짓고 마차 수리점 등을 열기 위해 돈을 투자했을 것이다. 결과는 굳이 말하지 않아도 뻔하지 않은가.

스마트폰 시장의 최강자로 원조 브랜드의 프리미엄을 제대로 누리고 있는 애플은 원래 스마트폰 최초 개발자가 아니다. 스마트폰을 처음 개발한 회사는 스마트폰 이전 휴대폰 시장의 절대강자 노키아였다. 뛰어난 기술력을 보유한 노키아는 스마트폰을 최초 개발하고서도 휴대폰 시장이 스마트폰으로 이동할 것이라는 패러다임을 읽지 못했다. 그래서 기기만 만들었을 뿐, 사용자를 응집시킬 애플리케이션 개발과 활성화에 관심을 두지 않았다.

하지만 애플은 달랐다. 시장의 패러다임이 스마트폰으로 옮겨갈 것을 예측했고, 애플리케이션 개발자들이 스마트폰 시장 안으로 들어올 수 있는 통로를 적극적으로 열었다. 결국 얼마 안 가 애플의 시대가 열렸고, 스마트폰 시장에서 설 자리를 잃은 노키아는 휴대폰 부문을 미국 마이크로소프트에 넘기는 수모를 겪었다. 노키아의 몰락으로 잘나가던 핀란드 경제는 엄청난 후폭풍을 겪어야 했다.

이뿐만이 아니다. 세계 가전 시장의 레전드 브랜드 GE가 중국 기업에 팔려나가고, 시장의 절대강자로 군림하던 소니를 비롯한 일본 전자 회사들이 줄줄이 맥을 못 추고 있다.

모두 패러다임의 변화에 빠르게 대응하지 못했기 때문에 빚어진 일이다. 더욱 두려운 일은 21세기 패러다임의 변화 속도는 더 빨라지고 있다는 사실이다.

판이 바뀌기 전 다음 판으로 이동하라

한 시대의 견해나 사고를 근본적으로 규정하는 틀, 패러다임의 변화에 따라 산업이 죽고 산다. 한마디로 판이 바뀌면 승자도 바뀌게 된다. 그렇다면 미용 시장의 패러다임, 판은 어떻게 변화하고 있을까.

앞서 얘기했듯이 국내 미용 시장은 포화상태다. 매년 5만 명이 미용사 자격증을 새로 취득하고, 상대적으로 창업이 쉽다 보니 우후죽순 문을 열고 우르르 폐업하는 사태가 속출한다.

그럼에도 불구하고 새로 시장에 진입하는 사람들은 여전히 증가 추세다. 한정된 시장에 공급이 폭증하면 다 같이 망하는 것, 이것이 생태계의 법칙이다.

이제 미용 산업도 새로운 패러다임으로 변화해야 할 시점이다. 판이 바뀌어야만 할 때가 왔다는 얘기다.

화미주는 그동안 업계에서 최초 혹은 한두 발 앞서 새로운 마케팅을 시도해왔다. 고객관리 시스템과 패키지 상품 서비스, 서비스 개념의 확장 등의 변화가 성공을 거둔 이유는 언제나 잘나갈 때 고민하고 도전했기 때문이다.

고객의 사랑을 받은 많은 아이디어 중 연간회원제는 최근까지도 고객 서비스 질과 매출을 동시에 끌어올리고 있는 효자 상품이다. 몇 년 전 이 제도를 도입했을 때는 화미주가 말 그대로 가장 '잘나가던' 시기였다. 브랜드에 대한 인지도는 최고 수준이었고, 고객의 발길이 끊이지 않아 미용실은 언제나 만원이었다. 당연히 매출도 큰 폭으로 증가하고 있었다.

바로 이때 '50% 할인'을 내건 연간회원제를 도입하겠다고 하니, 직원들은 나를 이해하지 못했다. 아무리 유료 회원제라고 해도 프리미엄 미용실이 연중 할인하면 그동안 어렵게 구축한 고급스러운 브랜드 이미지에 손상이 갈 것이고, 또한 지금 손이 부족할 정도로 고객이 많은데 굳이 할인을 하면서까지 고객 확보에 나설 이유가 없다는 게 대부분의 생각이었다.

그러나 나는 고객이 가장 많이 찾아줄 때 그 이후를 준비해야 한다고 믿었고 연간회원제를 고집스럽게 추진했다. 처음에는 부정적이었던 직원들도 연간회원제가 매출 상승으로 이어지는 것을 경험하면서 연간회원권 판매에 집중했다.

이후 국내 미용 시장은 빠르게 정체기를 맞았고, 최근 많은 미용실이 어려움을 체감하고 있지만 우리는 연간회원제라는 새로운 상품을 도입하여 안정적으로 고객을 미리 확보했기 때문에 불경기의 파도를 무사히 넘어가고 있다. 판이 바뀌기 전에 다음 판으로 이동해야 하는 이유가 바로 이 때문이다.

나는 연간회원제 이후를 다시 고민하고 있다. 이제는 새로운 상품이나 전략이 아닌, 기존의 패러다임에서 벗어나 전혀 새로운 패러다임의 비즈니스 모델을 구상해야 할 때가 왔다고 판단했고, 또 다른 도전을 감행하고 있다.

잘되고 있을 때 두려워하라

지금 세계 경제 패러다임은 어떻게 이동하고 있는가. 현재 글로벌 시장의 지배자는 플랫폼(platform) 경제다. 정거장이라는 뜻의 플랫폼이라는 말 그대로 서로 다른 분야의 업종을 연결하거나, 서비스(상품) 제공자와 수요자를 연결하는 '매개'업을 비즈니스로 하는 경제 활동을 말한다. 오프라인의 서비스를 온라인(모바일)을 통해 주문하고 받는 서비스는 이미 우리 생활 속에 깊숙하게 들어와 있다.

애플리케이션을 통해 맛집 음식을 배달해 먹고, 세탁을 맡기고, 집을 구하고, 차를 공유하기도 한다. 이제는 사람들이 일일이 맛집이나 세탁소, 복덕방을 찾아다닐 필요가 없다. 스마트폰의 애플리케이션만 클릭하면 원하는 서비스를 선택할 수 있다.

나는 미용 서비스 역시 플랫폼 비즈니스로 이동할 시점이라고 판단했고, 화미주 ITC 프로젝트를 탄생하기에 이르렀다.

아직은 화미주보다 앞선 성공 모델이 없어 걱정도 많지만 미래를 준비하는 과정보다 즐거운 도전은 없다. 매년 매출이 성장하고, 2020년 매출 목표를 이미 2014년 달성했을 만큼 여전히 순항 중이지만 바로 이런 지금의 따뜻함이 오히려 두렵다. 지금 준비하지 않으면 완전히 판이 바뀌는 그날, 우리도 무대 밖으로 나갈 수밖에 없다는 걸 알기 때문이다.

작은 미용실이든 프랜차이즈 미용 기업이든, 헤어디자이너를 꿈꾸는 학생이든 아니면 현재 직장에서 아주 잘나가는 사람으로 주위의 부러움을 사는 사람이든 누구라도 반드시 기억하길 바란다. 두려워할 것은 새로운 도전에 대한 두려움이 아니다. 잘되고 있는 것에 대한 두려움이어야 한다.

CHAPTER 2

창조적 경영의 비밀, '왜?'

모든 문제는 반드시 답이 있다

돈 벌기 참 어려운 시절이다. 그렇다고 경기 탓만 하고 앉아 있을 수는 없다. 흔히 "장사가 안 되는 집은 그럴 만한 이유가 있다"고 말한다. 맞는 말이다. 이 한마디에 바로 문제 해결 방법이 숨어 있다. 장사가 안되는 데는 다 이유가 있으니, 그걸 찾기만 하면 된다는 얘기다.

비단 장사뿐만이 아니다. 실적이 오르지 않을 때, 고객과 자주 마찰이 생길 때, 옆집과 똑같은 서비스 상품을 도입했는데 고객 불만이 끊이지 않을 때, 다 그럴 만한 이유가 있다. 하지만 어디서 어떻게 해답을 찾아야 할까. 내가 존경하는 고(故) 정주영 회장은 "답은 언제나 현장에 있다"고 하셨다. 참으로 옳은 말씀이다.

질문해야 답을 얻는다

젊은 시절, 농공사 수금원으로 일한 적이 있다. 농부들은 한 해의 농사를 짓기 전 필요한 농자재를 한 번에 사는데, 그 값이 만만치 않기 때문에 농자재를 판매하는 농공사는 수금원을 고용해 조금씩 돈을 회수한다.

농공사 수금원의 일이란 게 여간 힘든 게 아니었다. 돈을 받으러 갈 때마다 문전박대가 일쑤요, 돈이 없다며 읍소를 하는 사람들과 실랑이를 벌여야 했다. 월급이 42만 원이었는데, 한 달 부지런히 돌아다녀도 수금액이 100만 원을 넘지 못했다. 그런데 나에게 그 일을 소개해준 동료의 월 수금액은 400~500만 원에 이르렀다. 동료에 비하면 턱없이 수금액이 낮았고 월급을 받을 때마다 민망함에 얼굴이 붉어졌다.

며칠을 고민하던 나는 용기를 내어 동료에게 비법을 물어보았다. 동료는 "무조건 드러눕고, 아침저녁으로 찾아가고, 그러면 돈이 나온다"고 했다. 내키지 않았지만 목표 금액은 채워야 한다는 생각에 나도 똑같이 드러눕고, 욕설도 마다치 않았다. 그랬더니 진짜 없다고 했던 돈이 나왔고, 수금액도 조금 늘었다. 하지만 한눈에 봐도 궁색한 집안 사정이 보이는데, 무조건 윽박지르고 보는 방식은 아무리 생각해도 옳지 않았다.

'과연 이 방법밖에 없는 걸까?'로 시작된 질문은 '농자재를 가져갔으면 돈을 주는 게 당연한데, 왜 안 주는 걸까?'라는 궁금증으로 이어졌다. 이후로 줄곧 하나의 질문이 머릿속을 떠나지 않았다. 그렇게 몇 날 며칠이 지난 후 드디어 답을 얻었다.

"돈이 없으니까 못 주지, 그리고 이왕 줄 돈이면 왜 나한테 주겠나. 하하하."

혼잣말 끝에 나는 그만 웃음이 터져버렸다. 추수를 해야 비로소 돈이 생기는 농사의 특성상 농가에서는 연중 내내 현금을 만질 기회가 많지 않다. 그러니 수금원에게 돈을 선뜻 내어줄 수가 없다. 그런데 정말 중요한 이유는 따로 있었다. 농부 입장에서는 밀린 돈을 수금원에게 제때 줘야 할 까닭이 없다. 수금원은 받아야 할 돈을 정확하게 다 받아간다. 한 푼도 깎아 주지 않는다. 수금원은 흥정해줄 권한이 없기 때문이다.

하지만 밀린 돈을 한꺼번에 사장에게 주면 얘기가 달라진다. 우수리 돈은 깎을 수도 있고, "고맙습니다"라는 인사와 함께 시원한 막걸리 한 잔도 얻어 마실 수 있다. 그러니 사장에게 돈을 주지 왜 굳이 수금원에게 돈을 주겠는가.

답을 알았으니 문제를 해결할 새로운 전략이 필요했다. 다음 월급날 나는 당시 꽤 인기가 좋았던 새우깡과 초코파이를 사 들고 한 농가를 찾았다.

"우리 사장님이 가져다 주라는데예."

옛날이나 지금이나 시골 인심은 참 푸근하다. 내가 건넨 과자 한 봉지를 받은 집에서 반색하더니, 대뜸 고추 한 봉지를 담아주었다. 나는 그 고추 한 봉지를 들고 다음 집에 가서 똑같이 사장님 심부름을 연기했다.

"우리 사장님이 이 고추를 가져다 주라는데예."

그러자 이번에는 딸기 한 바구니를 주었고, 다음 집에서는 배추를 안겨주었다. 그렇게 받은 과일과 채소들을 가지고 외상이 있는 고객의 집을 온종일 돌았다. 한 달 후 믿기 어렵겠지만 나에게서 과일과 채소 선물을 받았던 고객은 모두 외상값을 선뜻 내어주었고, 나는 목표로 정한 금액을 수금할 수 있었다.

내가 만약 고객이 '왜 돈을 주지 않을까'라고 질문하지 않았다면 상황은 어떻게 달라졌을까. 아마도 기존의 방식 그대로 거칠게 압박했을 것이고, 성과도 시원찮았을 것이다. 하지만 새로운 질문 하나로 나는 고객이 원하는 것이 무엇인지 답을 찾았다. 바로 '정' 마케팅이다.

고객은 사장의 '정(情)'을 기대했다. 밀린 외상값을 깎아주는 정, 막걸리 한 잔을 나누는 정, 이것이 바로 고객이 원하는 서비스였다. 한 달 내내 각 집에서 내어준 채소를 배달하고 다니는 동안 나는 수금원이 아니라 정을 나르는 청년 배달부였고, 고객의 마음을 여는 데 성공했다.

서비스업에서 고객과 친밀한 관계를 형성하는 일은 무척 중요하다. 사람의 마음을 움직이는 것은 이성이 아니라 감성이다. 고객의 마음을 열어야만 제품이든 서비스이든 판매를 할 수 있다.

모든 답은 현장에 있다

그 이후로 나는 문제에 부딪힐 때마다 바로 현장에서 답을 찾는 습관을 갖게 되었다. 답을 찾기 위해 먼저 해야 할 일은 당연히 질문하는 것이었다. 화미주와 같은 브랜드 미용실의 경우 함께하는 디자이너가 많은 만큼 개인별 매출의 차이도 각양각색이다. 잘나가는 디자이너와 그렇지 않은 디자이너의 매출은 10배나 차이가 난다.

간절함으로 운명을 이겨라

디자이너의 매출은 개인의 능력과 비례한다. 하지만 디자이너 간 매출의 편차를 단순히 실력의 차이로 생각하고 아무것도 하지 않는다면 운영이 어려울 수밖에 없다. 한 공간에서 10배 이상 매출 차이가 나면 디자이너 간의 불화도 발생하고 매출이 적은 디자이너는 상대적 상실감이 더 클 것이다. 매장의 고민은 어떻게 하면 매출 하위권 디자이너를 동반 성장시키느냐 하는 것이다.

당시 한 매장에서 효과적인 방법을 시행했다. 바로 매출 그래프였다. 내가 화장품 회사에서 일했을 때 그곳에서는 영업 실적을 출입구 천장에 줄을 매달아 실적이 많은 사람의 줄이 길게 내려오게 만들어 실적을 매일매일 눈으로 확인할 수 있게 했다. 따로 실적을 재촉하지 않아도 출입구를 드나들 때마다 본인의 실적을 알 수 있었다. 사람들은 알아서 본인의 실적을 채우기에 바빴다. 이러한 나의 경험담을 참고하였는지 매출 그래프가 시행되었다.

매출 그래프란 디자이너들의 매출 실적을 그래프로 표시한 것인데, 동료들의 영업 실적이 가감 없이 공개되기 때문에 매출이 낮은 사람들의 심리적 압박이 큰 편이다. 반대로 긍정적 효과도 있다. 낮은 성적이 부끄러워서, 혹은 경쟁 심리 때문에 동기부여가 되어 실적 관리에 적극적인 태도를 보이게 된다.

그 매장에서는 모두가 볼 수 있도록 식당에 매출 그래프를 붙였고 디자이너가 전략상품을 판매할 때마다 스티커를 붙여 자연스럽게 실적 순위를 공개했다. 성과가 높은 디자이너에게는 적절한 시상을 했고, 성과가 낮은 디자이너들은 분발하게 되었다.

그러자 조금씩 변화가 나타나기 시작했다. 하지만 시간이 흘러도 도무지 변하지 않는 디자이너들도 있었다. 교육도, 상담도 열심히 했지만 그들의 실적은 요지부동 하위권을 맴돌았다.

'왜 이들에게는 효과가 나타나지 않는 걸까?'

답은 디자이너들이 일하는 현장, 바로 미용실에 있을 터였다. 나는 평소와 다름없이 미용실을 돌아다니며 디자이너들을 유심히 살폈다. 문제의 원인을 찾기까지는 그리 오랜 시간이 필요하지 않았다.

실적이 오르지 않는 디자이너들의 공통점은 바로 '부끄러움'이었다. 고객이 싫어하지 않을까 걱정이 되어서 상품을 안내하는 첫마디조차 꺼내지 못하는 그들이 내 눈에 들어왔다. 성격이 내성적인 디자이너들도 있었고, 고객이 불편해할 것을 지나치게 걱정해 제안하지 못한 디자이너들도 있었다.

원인은 발견했지만 부끄러움을 없애는 것은 쉬운 일이 아니었다. 그때 좋은 생각이 떠올랐다.

'말로 하지 못하면 글로 알려주면 될 것 아닌가.'

아이디어를 말해주자 디자이너들은 즉시 전략상품을 안내하는 홍보용 어깨띠를 만들었다. 디자이너가 두른 홍보용 어깨띠를 보고 고객이 먼저 "그게 뭐예요?"라고 질문할 수 있도록 상황을 바꾸었다. 때로는 어깨띠 대신 상품을 소개하는 명함 크기의 작은 안내지를 만들어 슬며시 고객의 손에 쥐여주기도 했다. 이 역시 고객이 먼저 적극적으로 질문하도록 유도하기 위함이었다.

이후 하위 그룹 디자이너의 실적은 무려 2배 이상 올랐다. 모두 함께 성장할 수 있는 또 하나의 방법을 찾았다. 언제나 답은 현장에서 나왔다.

'왜?'라는 합리적 의심의 효과

현장에서 문제와 만났을 때 가장 먼저 해야 할 일은 '어쩔 수 없다'고 판단하지 않는 것이다. 낮은 실적의 문제를 개인의 역량으로 치부하며 '어쩔 수 없다'고 판단한다면 문제는 절대로 해결되지 않는다.

모든 문제에는 반드시 답이 있고, 그 답은 오직 질문을 통해 찾을 수 있다. 질문의 습관은 '왜?'라는 의심에서 비롯된다. 잘되는 시스템은 잘되는 이유를, 잘 안 되는 시스템은 잘 안 되는 이유를 끊임없이 생각해야 한다. 집요하게 '왜'를 묻는 것은 모든 창조적 아이디어의 출발이다.

문제의 원인을 알아야 해결 방법도 찾을 수 있다. 늘 곁에 있지만 절대로 쉽게 보이지 않는 해답을 찾는 특별한 능력, 그것이 바로 질문의 힘이다.

답이 보일 때까지 집요하게 질문하라

인디언들이 기우제를 지내면 꼭 비가 온다고 한다. 그 신묘한 힘의 비밀은 뭘까? 다름 아닌 비가 올 때까지 기우제를 지내기 때문이다.

승률 90%의 비밀은 집요함이다

어릴 적 나는 이른바 '동네 타짜'였다. 동년배 친구이던, 선배들이던 함께 화투를 치면 늘 내가 돈을 땄다. 나중에 알게 된 일이지만 친구와 선배들은 나를 피하기 위해 몰래 산으로 올라가 화투를 친 적도 있다고 한다. 지금도 고향 선후배를 만나면 나의 화투 실력이 빠지지 않고 등장하는데 이 재밌는 이야기 속에는 오랜 습관이 숨어 있다.

승률 90%의 어린 타짜의 탄생은 바로 나의 집요한 질문 습관에서 비롯되었다. 내가 살던 동네에는 놀잇거리가 많지 않았다. 어릴 때는 들로 산으로 돌아다녔지만 머리가 제법 굵어졌을 때는 친구, 선후배와 어울려 치는 화투가 쉽게 즐길 수 있는 놀이였다.

재미 삼아 동전을 걸고 치는 화투였지만 나는 천성이 지는 걸 싫어했다. 아니 정확하게 말하면 돈을 잃는 것이 싫었다. 하지만 처음 나보다 나이가 많은 선배들과 화투를 쳤을 때 승(勝)보다 패(敗)가 많았다. '선배니까……'라거나 '언젠가 이길 수 있다'며 웃고 넘길 수도 있겠지만 나는 그러지 않았다. 화투에서 돈을 잃은 날은 계속 자문했다.

'내가 공부는 못해도 숫자에는 밝은 사람인데, 왜 졌을까?'

내 수와 실수를 곱씹어가며 진 이유를 생각했다. 답을 찾을 때까지 끊임없이 물었고, 심지어 잠도 안 자고 생각을 거듭했다. 그런 집요함이 계속되던 어느 날 불쑥 머릿속에 답이 스쳤다.

'문제는 속도다. 수를 읽는 속도가 아직 선배들보다 느리다.'

그날 이후 틈이 날 때마다 가장 차들이 많이 다니는 도로의 버스정류장을 찾았다. 수를 빨리 읽으려면 0부터 9까지의 숫자를 조합했을 때 나올 수 있는 경우의 수를 남보다 한발 앞서 예측할 수 있어야 하는데, 차량의 번호판은 수의 다양한 조합을 연습할 수 있는 가장 적합한 대상이었다. 나는 번호판의 숫자 4개를 서로 조합하거나, 앞서 지나간 차량의 번호와 뒤에 오는 차량의 번호를 조합하는 등의 방식으로 수를 읽는 순발력을 키웠고, 화투의 수를 읽는 데 적용했다. 이것이 바로 90% 승률

PART 2 일하는 방식: 발상의 전환으로 혁신하라

을 가진 어린 타짜의 비밀이다.

답을 찾을 때까지 질문을 놓지 말라

원하는 답을 찾을 때까지 집요하게 질문의 끝을 놓지 않는 습관은 화미주를 43개 지점과 자회사 (주)코시오를 아우르는 화미주인터내셔날로 키워내기까지 위기를 넘고 스스로 성장의 기회를 창조하는 중요한 동력이었다.

화미주는 고객의 입소문 덕을 크게 보았다. 트렌드를 리드하는 기술력과 기발한 고객 맞춤형 서비스를 자주 선보이는 노력을 고맙게도 고객은 놓치지 않고 알아봐 주셨다. 그중에서도 입소문의 위력을 가장 실감 나게 해준 주인공이 있는데, 이제는 우리의 시그니처가 된 "사랑합니다"라는 인사말이다.

화미주의 지점이 빠르게 늘어나면서 시스템 재정비의 일환으로 화미주표 인사말을 새로 도입하기로 했다. 지점 어디에서나 공통된 언어로 고객과 첫 대면을 할 필요가 있다고 판단했기 때문이다. 그러나 도입과정은 만만치 않았다.

결론부터 말하자면 새로운 인사말이 전 직원에게 스며들기까지 무려 2년의 시간이 걸렸다. 고객이 미용실 문을 열고 들어서는 순간 "사랑합니다, 고객님"이라고 한마디 하는 게 뭐 그리 어려운 일인가 생각되지만, 도입 6개월 동안 누구도 새로운 인사말을 입에 올리지 않았다.

화가 나서 회의 때마다 직원들을 야단치고, 눈에 보일 때마다 잔소리도 퍼부었다. 하지만 직원들은 쑥스러워서 도저히 입 밖으로 말이 나오지 않는다고 했다.

6개월 동안 시도해도 변화가 없다면 선택을 해야 한다. 하나는 포기하는 것, 다른 하나는 문제를 해결할 방법을 찾는 것이다. 나는 방법을 찾기로 했다.

또다시 집요한 추적이 시작됐다. 수십 권의 책을 뒤적이며 사례를 찾아보기도 하고, 옛 경험에서 아이디어를 찾을 수 있을까 기대하며 오래된 일기책을 들춰보기도 했다. 아침부터 저녁까지 바쁜 일정 중에도 불쑥불쑥 질문이 떠올랐고, 꿈에서도 고민은 멈추지 않았다.

어느 날 친구와 약속이 있어 부산 파라다이스 호텔로 향했다. 막 커피숍 입구로 들어서는데 이젤 위에 놓인 메뉴판이 눈에 들어왔다. 순간, 머릿속에 번개처럼 생각이 떠올랐다.

'바로 저거다. 안내판에 화미주 인사말을 적어 미용실 앞에 두자!'

전혀 기대하지 않은 장소에서, 예상치 못한 시간에 오랫동안 품어왔던 질문에 대한 답이 나를 찾아왔다. 우리의 인사말이 정착되지 못하는 이유는 바로 '낯섦' 때문이었다. 당시 어떤 서비스업 매장에서도 고객에게 "사랑합니다"라는 말을 건네는 곳은 거의 없었다. 그러니 말을 하는 쪽도, 듣는 쪽도 낯설 수밖에 없었다. 이 새로운 인사말을 정착시키려면 낯섦의 부담을 줄여야 했다.

그래서 안내판을 만들어 "화미주의 인사말은 '사랑합니다' 입니다"라는 문장을 넣었다. 문장 한 줄의 힘은 대단했다. 직원들은 고객과 약속을 했으니 지켜야 했고, 고객은 화미주의 인사말이라는 사실을 알고 있으므로 놀라거나 이상하게 바라보지 않았다. 그럼에도 인사말 문화가 자연스럽게 조직 안에 스며들기까지 오랜 시간이 필요했지만, 나는 한 번도 이 정책을 포기하지 않았다. 이유는 단 하나, 고객이 행복해했기 때문이다.

"도대체 어떻게 그런 생각을 하신 겁니까?"
"도대체 어떻게 그런 생각을 하신 겁니까?"
내가 강연을 하거나, 창업자들을 만나면 자주 받는 질문이다. 참 듣기 좋은 칭찬이다. 하지만 정말 간절한 마음으로 하우투(how to)를 궁금해하는 사람들에게 나는 딱 맞아 떨어지는 해답을 줄 수가 없다. 그저 내가 했던 그대로의 방식을 알려줄 수 있을 뿐이다.

나는 평소 강연에서 "모든 장사는 성공한다. 안 될 것이라고 생각하면 망한다. 된다고 생각하고 될 때까지 하면 된다"는 말을 자주 한다. 이는 무조건 버티면 된다는 말이 아니다. 잘 안 될 때는 반드시 이유가 있고, 현장에는 문제를 해결할 답이 있다. 그 답을 찾을 때까지 집요하게, 절실하게 몰입해야 한다.

내가 호텔 커피숍 앞 메뉴판을 화미주의 인사 안내판과 연결할 수 있었던 것도 이런 습관 때문이다. 그렇지 않았다면 메뉴판 100개가 눈앞에 늘어서 있다고 해도 결코 답을 찾지 못했을 것이다. 그러니 질문하라. 그리고 답을 찾을 때까지 끈을 놓지 말고 생각을 집중하라. 인디언이 기우제를 지내는 심정으로 말이다.

제대로 질문해야 본질이 보인다

박찬욱 감독의 영화 〈올드보이〉는 우리나라뿐만 아니라 세계적으로 유명한 작품이다. 영화를 보지 않은 사람들도 〈올드보이〉라는 작품명은 알 정도다. 이렇게 많은 사랑을 받다 보니 개봉한 지 오랜 시간이 흐른 지금도 영화 속 명대사들이 회자되고 인용되고 있다. 느닷없이 〈올드보이〉의 이야기를 꺼낸 이유는 영화 속 두 주인공의 대화에서 큰 영감을 받은 기억 때문이다.

이유도 모른 채 15년간 감금되었던 오대수(최민수 분)가 자신을 감금한 이우진(유지태 분)에게 "왜 나를 15년 동안 감금했느냐?"고 물었다. 그러자 이우진은 "아냐, 질문이 잘못됐어. 왜 가뒀는가가 중요한 것이 아니야. '15년이나 가뒀다가 왜 지금 풀어줬을까'가 맞는 질문"이라고 답해준다.

"틀린 질문을 하면 맞는 답을 찾을 수 없다"는 그의 말에 나는 감탄사를 연발할 수밖에 없었다.

우리는 무슨 비즈니스를 하는가

미용실 혹은 식당, 또는 규모가 큰 기업의 경영 등 모든 비즈니스는 경쟁관계 속에 놓이게 되고, 다수의 경쟁자와 사활을 건 싸움을 하게 된다. 비즈니스를 그만두지 않는 한 싸움을 피할 방법은 없다. 싸움을 좀 해본 사람이라면 안다. 적을 분석하기 전에 먼저 자신을 아는 것, 즉 자신의 업이 갖는 본질을 명확히 이해하는 것이 중요하다는 것을 말이다.

내가 누군지 알아야만 적이 누군지 알 수 있고, 적을 알면 경쟁에서 지지 않고 살아남는 방법을 찾을 수 있다. 그래서 비즈니스 경쟁에 나서기 전 가장 먼저 해야 할 중요한 질문은 '상대를 어떻게 이길 수 있을까'가 아니고, '나는 누구인가'여야만 한다.

세계적인 패스트푸드 가맹점 '맥도날드'의 CEO 레이 크록(Ray Kroc)은 미국 전역의 1,000여 개 매장을 방문할 때마다 직원들에게 늘 같은 질문을 했다.

"우리는 무슨 비즈니스를 하고 있지요?"

"네, 햄버거를 팝니다."

직원들의 답변은 자신감이 넘쳤다. 그러나 안타깝게도 직원들의 대답은 레이 크록을 만족시키지 못했다.

"아니요 틀렸습니다. 우리는 햄버거 비즈니스를 하는 게 아닙니다. 쇼 비즈니스를 하고 있습니다."

맥도날드의 비즈니스를 '햄버거 판매'로 정의하는 것과, '쇼 비즈니스(show business)'라고 정의하는 것의 차이는 무엇인가. 맥도날드라는 기업의 본질이 '햄버거 판매'라면, 맥도날드는 경쟁자보다 더 맛있는 햄버거를 만들어야 한다. 맛 혹은 크기 등이 경쟁에서 이길 무기이며 마케팅 전략의 핵심이 된다.

하지만 '쇼 비즈니스'라고 정의라면 얘기가 달라진다. 레이 크록이 정의한 쇼 비즈니스란 '고객이 서비스를 받고 있다는 것을 느낄 수 있도록 보여주는 것'을 말한다. 레이 크록은 '품질(quality)', '서비스(service)', '청결(cleanliness)', '가치(value)'의 추구를 맥도날드의 경쟁력으로 삼았고, 고객이 맥도날드의 정성을 실제 느낄 수 있도록 감성적 마케팅에 집중했다. "우리가 햄버거를 팔았다면 벌써 망했을 것"이라는 레이 크록의 말에서 다시 한 번 질문을 잘하는 것의 중요성을 깨닫는다.

맥도날드의 성공은 바로 레이 크록의 "우리는 무슨 비즈니스를 하고 있는가?"라는 질문이 있었기에 가능했다. 그가 만약 "어떻게 하면 햄버거를 더 많이 팔지?", "어떻게 하면 다른 햄버거집에 가는 손님을 우리 집으로 오게 할 수 있을까?"에 대한 질문을 던졌다면 그는 질문에 맞는 답을 찾았을 것이고, 아마도 지금의 맥도날드는 없었을 수도 있다.

미용실의 경쟁자는 옆 미용실이 아니다

미용업도 마찬가지다. 미용실 원장의 경쟁상대는 누구이고, 디자이너의 경쟁상대는 누구인가. 단언하건대 미용실의 경쟁자는 옆 미용실이 아니고, 디자이너의 경쟁자도 동료도 아니다. 왜 그런지 그 이유를 알기 위해 30대 주부 고객 A 씨의 하루를 한번 따라가 보자.

고객 A 씨는 전날 남편이 건네준 특별 용돈 20만 원을 만지작거리다 최근 유행하는 헤어스타일을 시도해보기로 했다.

'어느 미용실에 갈까? 화미주에 가야겠다. 그런데 화미주 어느 지점에 가지? 집에서 가까운 광안리점으로 갈까, 아니면 광복동 본점으로 갈까. 그래, 어차피 백화점에도 들러야 하니 본점으로 가자.'

남편이 출근한 후 6세 아들과 시내로 나와 차를 주차하고 미용실로 오기 전 백화점에 들렀는데 마침 세일 중이다.

'저 가방 하나 사면 데일리 백으로 참 좋겠는데, 머리는 나중에 할까?'

잠시 고민하던 A 씨는 원래 계획대로 머리를 하기로 했다. 백화점을 나와 걷는데 아들이 배가 고프다고 칭얼거리자 A 씨는 주변을 돌아보았고, 새로 오픈한 고급 레스토랑을 발견했다. 입구 밖에 세워 둔 메뉴판을 보니 생각보다 가격이 무척 비쌌다.

'어떡하지, 맛있는 점심을 먹고, 머리는 나중에 할까?'

A 씨는 또다시 생각했고 역시 머리를 하는 게 낫겠다며 점심은 가벼운 분식을 선택했다. 점심을 먹고 조금 걷는데, 마사지숍의 특별 회원가

안내판이 보였다. 지난번 반상회에서 위층 엄마가 관리를 받고 자랑했던 바로 그 마시지숍이었다. 20만 원에 조금만 더 보태면 열 번의 서비스를 받을 수 있다는 생각에 또 마음이 흔들렸다. 하지만 화미주의 패키지를 특별가로 이용할 수 있는 이벤트를 놓치기 싫었던 A 씨는 또다시 유혹을 뿌리치고 드디어 화미주 광복동 본점에 도착했다.

A 씨는 친구의 추천을 받은 디자이너를 소개받았고, 디자이너의 제안대로 새로운 트렌드의 헤어스타일을 선택했다. 서비스가 끝난 후 그는 웃으며 미용실을 떠났다.

자, 지금부터 따져보자. A 씨가 뜻밖의 용돈 20만 원을 받고 이튿날 미용실에서 머리를 하기까지 화미주의 경쟁자는 누구였을까. 처음 '어느 미용실에 가지?'라는 생각을 떠올렸을 때 화미주의 경쟁은 시작되었다. 광안리점과 본점이 경쟁했고, 백화점과도 경쟁을 했다. 곧이어 고급 레스토랑과도 경쟁했고, 마사지숍도 화미주의 경쟁자였다. 이 많은 경쟁자를 물리치고 마침내 고객은 화미주 본점에서 머리를 했다.

하지만 불행히도 경쟁은 끝나지 않았다. 웃으며 떠난 고객은 과연 다음에도 화미주를 찾아줄까? 안타깝게도 확신을 할 수 없다. 고객은 웃으며 떠났지만, 다음에 또 돈을 주고 스타일을 바꿔야 할 때 다시 고민할 것이다.

'지난번 화미주의 ○○○ 디자이너가 별로인 것 같은데, 다른 지점에 가야겠어. 아니야, 아예 다른 미용실로 옮겨볼까?'

여기서 화미주 본점과 담당 디자이너의 경쟁자는 또다시 타 지점과 다른 브랜드의 미용실 그리고 그곳의 디자이너들이다. 그리고 고객 A 씨의 발걸음을 유혹했던 많은 업체와 그곳에서 일하는 직원이 역시 강력한 경쟁관계 속으로 들어오게 된다.

미용실 비즈니스는 '생쇼 비즈니스'다

고객이 꾸준히 우리 가게를 찾도록 하기 위해 어떤 경쟁자와 싸워야 하고, 무엇으로 이길 수 있을까? 이 중요한 고민 앞에서 진지하게 자신에게 질문해야 한다.

'미용실은 무슨 비즈니스를 하는가?'

이 질문에 레이 크록의 말을 인용해 답을 하고 싶다. 미용실은 '쇼 비즈니스' 아니, '생쇼 비즈니스'를 해야 한다. 오늘 나를 찾아온 고객이 수많은 경쟁대상을 물리치고 다시 나를 찾아오게 하려면 꼭 와야만 하는 명분을 줘야 한다. 그 명분이 바로 '생쇼'이고, 비즈니스의 본질이다.

고객은 언제 만족할까? 헤어스타일만 마음에 들면 다시 그 미용실, 그 디자이너를 찾을까? 햄버거를 파는 맥도날드가 단지 맛으로 고객을 사로잡은 것이 아닌 것처럼, 머리를 만져주는 미용실도 기술만으로 고객을 붙잡을 수 없다. 아무리 실력이 뛰어난 디자이너라도 고객의 감성을 충족시키지 못하면, 고객은 다시 그 미용실과 디자이너를 찾지 않는다.

그래서 미용실은 고객을 만족하게 할 수 있는 감성 요소를 바로 눈앞에서 생생하게 보여줘야 한다. 이것이 바로 생쇼다.

진심이 담긴 환영인사, 고객의 마음을 고스란히 이해하는 디자이너의 상담, 헤어시술이 진행되는 동안 고객이 지루할 틈을 주지 않는 친밀한 대화, 전문가만이 할 수 있는 조언, 밝고 따뜻하고 청결한 매장 분위기 등 미용실에 입장할 때부터 떠날 때까지 고객은 행복해야 한다.

"현명한 대답을 원한다면 합리적인 질문을 하라."

괴테의 말이다. 그는 질문의 중요성에서 한 걸음 더 나아가 무엇을 질문하는지의 중요성을 이와 같은 말로 강조했다. 절대로 잊지 말아야 할 비즈니스의 금과옥조(金科玉條), 바로 성공하는 전략은 대답이 아니라 질문에서 만들어진다는 것이다.

새로운 질문으로 새로운 답을 찾아라

미용업은 '생쇼 비즈니스'다. 기술은 기본이요, 무엇보다 감성 만족에 집중해야 한다는 얘기다. 그런데 비즈니스란 시대에 따라 유연하게 선택과 집중의 대상을 결정해야 한다. 시대를 앞서 전략적인 비즈니스 목표를 설정하는 일은 사업의 성패를 좌우할 중요한 사안이다.

나는 지난 30년 동안 시대에 따라 비즈니스의 본질을 고민하고, 시대를 앞서가기 위한 비즈니스 모델 창출에 집중했다. 기술업에서 서비스업으로, 알림업에서 교육업, 마케팅업, 고객관리업, 묶음업, 통계분석업, 그리고 인맥업까지, 정점의 순간이라고 판단되는 순간 늘 화미주의 비즈니스 본질은 무엇인가를 물었고, 새로운 답을 찾아 본질을 규정했다.

이 과정이 있었기에 시대에 앞서 새로운 비즈니스 모델을 구축하고 마케팅 전략을 수행함으로써 위기를 넘어 성장의 기회를 마련할 수 있었다.

미용실은 왜 기술업종이 아닌가

내가 처음 미용업을 시작한 파리미용실은 부산에서도 꽤 규모가 있는 프리미엄 헤어살롱이었다. 디자이너의 실력도 수준급이었고, 매장 규모도 컸으며, 인테리어는 부산 시내 어디에서도 찾아보기 힘들 정도로 고급스러웠다.

하지만 이상하게도 고객이 없었다. 20여 개 좌석 중 평균 10개의 좌석은 언제나 공석이었다. 분명히 뭔가 잘못되었지만 원장도, 디자이너들도 그 이유를 몰랐다.

나는 고객이 찾지 않는 이유는 디자이너들의 마인드 때문이라고 생각했다. 그곳의 디자이너들이 고객과 파트너를 대하는 태도는 기술에 대한 자신감을 넘어 거만함이 느껴질 정도였다. 1980년대 중반, 미용실은 급증한 반면 상대적으로 디자이너들이 부족해 이른바 '몸값'이 비쌌던 당시의 시장 상황도 어느 정도 영향을 미쳤을 것이다. 어쨌든 그대로 두면 얼마 안 가 망할 것이 뻔했다. 미용실을 살리기 위해 원장과 담판을 지었다.

"원장님, '미용실은 기술만 좋으면 문제가 없다'고 생각하시는 것 같은데요, 그렇지 않습니다. 우리 디자이너들이 기술이 좋은데도 고객이 안 오잖아요. 그럼 우리 직업을 기술업종이라고 할 수 없는 겁니다."

한참 동안 아무 말도 없이 내 얘기에 귀를 기울이던 원장은 고개를 갸우뚱하더니 천천히 입을 열었다.

"그럼 뭔데?"

"제가 볼 때 서비스업입니다. 서비스를 잘해야 고객이 옵니다."

원장은 더 이상 질문하지 않았다. 그러더니 잠시 후 "알아서 해보라"며 내게 전권을 위임했다. 물론, 미용실의 경쟁력과 헤어디자이너라는 직업에서 가장 중요한 요소는 기술이다. 그럼에도 불구하고 기술만으로 고객 충성도를 장담할 수 없다. 미용 기술이란 테크닉만큼 중요한 요소, 즉 고객 감성과 소통할 수 있어야 하기 때문이다.

미용실에 들어서면서부터 고객은 최고의 서비스를 받을 권리가 있다. 청결한 실내, 고급스러운 인테리어, 진심을 담은 미소, 그리고 무엇보다 고객을 존중하고 배려하는 대화 등을 통해 미용실에 머무는 내내 품격 있는 문화를 향유할 수 있는 기회를 제공하는 것, 이것이 바로 내가 생각한 '고객 서비스'였다.

두세 달 강도 높은 직원 교육 덕분에 파리미용실의 서비스 문화는 크게 바뀌었다. 우리에게는 기술이 뛰어난 디자이너들이 있었기 때문에 서비스만 보완하면 고객의 마음을 잡는 것은 시간문제라고 생각했다. 하지만 내 기대는 보기 좋게 무너졌다.

'이상하다. 왜 고객이 오지 않는 걸까? 미용은 분명 서비스업이다. 그 판단이 틀리지는 않았다. 그렇다면 무엇이 문제인가. 지금 미용실은 무

엇을 하는 비즈니스여야 하는가.'

몇 날 며칠 동안 남몰래 속으로 끙끙 앓으며 묻고 또 물었다. 그리고 깨달은 것은 '업의 본질에 대한 규정은 상황과 시대에 따라 유연하게 정의되고, 융통성 있게 적용되어야 한다'는 생각이었다. 미용실 비즈니스의 본질은 분명히 서비스업이다. 하지만 환경과 시대의 변화에 따라 본질에 대한 새로운 규정을 통해 비즈니스가 집중해야 할 당면 목표를 설정해야 한다.

나는 미용실의 비즈니스는 '알림업'이라는 답을 찾았다. 기술과 서비스가 좋아도 홍보가 되지 않으면 고객은 찾아올 수 없기 때문이다. 그래서 시작한 것이 바로 하루 2,000장 홍보 전단 배포였다.

결과는 기대를 배반하지 않았다. 얼마 후부터 고객이 미용실을 찾아오기 시작했고, 앞선 기술과 서비스를 경험한 고객의 입소문은 또 다른 고객을 유인했다.

비즈니스 본질도 세월 따라 변한다

시간이 흐른 후, 화미주라는 브랜드로 미용실이 본격적인 성장을 시작할 무렵 또다시 물었다. 지금 무엇에 집중해야 하는가. 답은 '교육업'이었다.

젊은 시절 미용실에 입사했을 때부터 늘 배움이 고팠다. 당시에는 미용실 경영에 대한 책도 구할 수 없었고, 체계적으로 서비스 교육을 받을 곳도 없었다. 나 자신을 채울 교육도 부족한데 직원들 교육도 진행해야 했다. 처음엔 보험회사를 비롯한 같은 업종에서 흔히 사용하는 교육집과 조례집 등을 구해 미용실 현장에 맞게 적용하는 방식으로 교육을 꾸려갔다.

하지만 화미주가 성장을 거듭할 무렵, 나는 더욱 체계적인 교육의 중요성을 절감하고 있었다. 미용기술은 물론 직업의식, 고객응대, 마케팅 등 배워야 할 것들은 너무나 많았다.

결국 나부터 공부를 하자며 여러 기관을 쫓아다녔고, 배운 내용은 고스란히 직원용 교재로 만들어 활용했다. 그리고 2002년에는 드디어 화미주아카데미도 오픈하기에 이르렀다.

직원들은 교육을 받은 만큼 변화했고, 직원들이 변화하는 만큼 우리도 성장했다. 까다롭고 수준 높기로 유명한 화미주아카데미 교육과 함께 지금까지 한 번도 거르지 않고 내가 진행하는 서비스·마케팅 교육은 오늘의 화미주를 만든 1등 공신이다.

2000년 화미주의 비즈니스는 '마케팅업'으로 변화했다. 고객이 급증하고 시장에서 브랜드가 유명세를 이어가는 바로 그때, 업을 재규정할 필요성을 느꼈다. 주요 고객층이 형성한 시장이 무르익으면서 새로운 시장을 열어야 했다. 나는 프리미엄 서비스 시장을 주목했고, 그래서 도입한 것이 '카드 마케팅'이다.

지금도 간혹 있는 일이지만, 16년 전 대부분 업체는 고객의 카드 사용을 환영하지 않았다. 수수료를 부담해야 하기 때문이다. 그러나 고가의 프리미엄 상품을 판매하려면 카드 사용은 불가피했다. 고객조차 카드 사용이 익숙하지 않던 시절, 나는 카드 결제 시 오히려 10% 할인해주는 마케팅을 시도했다.

카드 마케팅은 고객 심리를 이용한 전략이었다. 고객은 대부분 현금을 지급할 때 금액에 민감해진다. 6만 원을 현금으로 낼 때 표정이 굳지만, 12만 원을 카드로 결제할 때는 오히려 표정에 큰 변화가 없다. 심리적으로 부담이 더 적다는 얘기다. 결론적으로 카드 마케팅은 성공적이었고, 이를 바탕으로 고가의 다양한 상품을 기획할 수 있었다.

이후로도 지속해서 비즈니스의 본질을 새롭게 규정하며 시대의 변화에 적극 대응해왔다. 2005년 업계의 경쟁이 치열해지기 시작했을 때 우리의 비즈니스를 '고객관리업'으로 정했다. DM 발송은 물론, 회원에게 생일축하카드와 다양한 쿠폰을 제공하며 고객의 마음을 화미주에 붙잡아놓았다.

고객관리 시스템이 안정화 된 2010년 화미주의 비즈니스는 '고객 묶음업'으로 설정했다. 이때 등장한 것이 바로 '연간회원제'다. 기존의 생각에 머물러, 새롭게 비즈니스의 본질을 고민하지 않았다면 연간회원제라는 히트 상품도 탄생하지 못했을 것이다.

시대에 맞는 질문으로 새 답을 찾아라

2013년 나는 화미주의 비즈니스를 다시 '통계분석업'으로 정의했다. 오랫동안 축적한 데이터 분석을 통해 더욱 체계적인 경영과 마케팅 전략을 세우겠다는 다짐이었다. 그해 화미주는 고객정보의 전산화과정을 100% 완료했다. 또한 일찌감치 ERP(enterprise resource planning)를 도입했다. ERP란 매출, 재무(급여 등), 인사 등을 하나로 통합한 전사적 자원관리시스템으로서 경영 전반의 흐름을 통계로 확인하고, 이를 마케팅으로 연결할 수 있는 프로그램이다.

그리고 지금, 나는 화미주의 비즈니스 핵심을 고객 확장에 주력해야 할 '인맥업'으로 판단하고 있다. 경제 전망은 어둡고, 미용 시장은 더 암울하다. 미용실의 우후죽순 창업으로 이미 수요보다 공급이 더 많은 상황이다. 모든 미용실이 충성고객을 지키고, 동시에 신 고객을 유치해야 하는 혈전을 치를 수밖에 없다. 나는 전 직원들이 자발적 영업과 홍보에 나설 수 있도록 인맥을 통해 고객에게 최대의 할인과 서비스를 제공하는 마케팅에 주력하고 있다.

미용업의 변하지 않는 핵심 가치는 기술과 감성의 조합으로 고객에게 만족을 드리는 것이다. 하지만 그것만으로는 부족하다. 산업의 트렌드는 빠르게 변하고, 고객의 요구는 더 빠르게 진화하고 있다.

오늘 아니 내일 우리의 비즈니스는 무엇에 집중해야 하는가. 아직 다가오지 않은 미래의 문제에 미리 대처하는 방법은 하나다. 질문하라. 현재 잘되고 있다면 잘되는 이유를, 잘 안 풀리는 문제가 있다면 안 풀리는 이유를 묻고, 고객이 무엇을 원하는지, 비즈니스 트렌드가 어디로 가고 있는지 살피고 빠르게 적응해야 한다. '왜?'라는 의심과 질문이 바로 미래로 가는 길의 나침반이다.

CHAPTER 3

사람과 돈이 따르는
대화의 기술

·········

신뢰를 얻는 첫 단계, 인사말

첫인상은 얼마나 중요할까. 불과 3초 사이 결정되는 첫인상은 상대를 평가하는 매우 중요한 잣대가 된다. 사람들은 대부분 첫인상이 좋다고 판단하면, 다른 좋은 특성들도 함께 가지고 있을 것이라고 생각한다. 좋은 첫인상이 신뢰로 이어지는 것이다. 그래서 면접에서, 남녀의 만남에서, 고객과 만나는 현장에서 좋은 첫인상을 남기려는 노력은 지속 가능한 관계를 형성하고 상대(고객)의 만족도를 높이는 중요한 전략이 된다.

화미주의 강렬한 첫인상을 위해 내가 선택한 전략은 바로 '인사말'이다. 고객이 미용실 문을 열고 들어오는 순간 듣게 되는 인사말은 화미주의 고객가치를 가장 짧고, 강렬하게 전달할 기회라고 생각했다. 이는 오랜 시간이 흐른 지금도 변하지 않는 확신이다.

고객은 왜 인사를 받아주지 않을까

내가 처음 인사말의 중요성을 깨달은 것은 블랙박스 커피숍을 운영할 때였다. 당시 시도했던 기발한 마케팅 덕분에 커피숍은 늘 고객으로 붐볐다. 나는 찾아주는 고객이 너무 고마워서 손님이 들어올 때마다 벌떡 일어나 "어서 오세요"라며 인사를 하기로 했다. 하지만 내 인사를 받아주는 손님은 한 사람도 없었다. 다음 날에도, 그다음 날에도 고객은 언제나 나를 무심히 지나쳤다.

물론 처음 인사를 시작했을 때만 해도 인사말이 첫인상 전략이라고 생각하지 못했기에 특별한 기대도 없었다. 하지만 계속 무시를 당하다 보니 차츰 궁금해졌다.

'왜 인사를 안 받아줄까? 고객은 인사를 원하지 않는 걸까?'

조금 섭섭한 마음이 들었지만 하루도 빠짐없이 인사를 했고, 고객은 변함없이 나를 무시했다.

그러던 어느 날, 한 식당에 들어섰는데 주인이 내게 "어서 오세요"라고 인사를 건네는 게 아닌가. 그때야 나 역시 식당 주인의 인사를 한 번도 받아준 적이 없다는 사실을 깨달았다. 그렇다고 해서 내가 식당 주인의 인사가 싫었던 것은 아니다. 아니 참 좋았다. 그런데도 인사를 받아주지 않은 이유는 뭘까. 그것은 바로 한국인의 정서상 익숙하지 않은 탓이 컸다.

고객의 차가운 반응에 기운이 빠져 있던 나는 그날 이후로도 열심히 인사를 했다. 하지만 그때부터 새로운 고민이 시작됐다.

'인사를 싫어하는 고객은 없다. 하지만 인사말이 평범하면 고객에게 특별한 인상을 남기기 어렵다.'

내가 식당 주인의 인사를 그냥 지나쳤던 것은 단지 쑥스러움 때문만은 아니었다. 머릿속에 인사에 대한 고민이 없었다면 식당 주인이 인사를 하고 있다는 사실도 몰랐을 것이다. 고객이 기억해줄 수 있는 인사말 한 줄을 찾기 위해 또다시 깊은 생각에 빠져들었다.

"자, 오늘부터 고객이 오면 무조건 '안녕하세요'라고 인사해야 합니다."

"왜요?"

커피숍 문을 열기 전, 직원들에게 새로운 인사말을 공지했는데 모두 얼떨떨한 표정으로 내게 되물었다.

"아니, '어서 오세요'라고 하니까 아무도 안 받아주잖아요. 그래서 새롭게 바꿔봤어요."

자랑스럽게 내 아이디어를 얘기해줬는데도 직원들의 반응은 시큰둥했다.

"처음 보는 사람들에게 어떻게 '안녕하세요'라고 인사해요?"

지금은 "안녕하세요"라는 인사말을 흔하게 듣지만, 1980년대 중반만 해도 고객에게 "안녕하세요"라고 인사를 하는 매장은 별로 없었다. 모두가 한결같이 "어서 오세요"만 외쳤을 뿐이다. 못마땅한 표정으로 입을 잔뜩 내미는 직원들을 그래도 한 번 해보자며 다독이며 서둘러 영업을 시작했다. 얼마 후 첫 고객이 들어섰다.

"안녕하세요?"

우리가 이렇게 활기차게 인사하자 놀라운 일이 벌어졌다. 평소 인사를 하면 듣는 둥 마는 둥 획 지나쳐 버리던 고객이 고개를 돌려 우리를 쳐다본 것이다. 하지만 반응은 예상과 달랐다. 고객은 아무 말도 하지 않았지만 표정을 보아하니, '어? 이상한 사람들이네' 하고 생각하는 게 분명했다. 생각지도 못한 반응에 나와 직원들 모두 잠시 멋쩍었지만, 그래도 무반응보다 반응이 더 낫다는 생각에 "안녕하세요?"라는 인사말을 밀어붙였다.

그런데 며칠 후 직원 한 명이 심각한 얼굴로 찾아왔다. 갑자기 커피숍을 그만두겠다고 했다. 나는 그 이유를 물었다.

"제가 '안녕하세요'라고 인사를 하니까 손님들이 '니, 나 아나? 어디서 봤는데?'라고 하잖아요. 정말 쪽팔려서 못하겠습니다."

그 마음이 이해가 됐다. 나도 똑같은 경험을 반복하고 있었기 때문이다. 그렇다고 인사말을 포기한 것은 아니다. 답이 아니면 바꾸면 될 일이다. 그래서 등장한 새로운 인사말이 "반갑습니다"이다.

"반갑습니다."

"네."

이번에는 확실히 달랐다. 고객은 여전히 눈을 마주치지 않았지만, 대

간절함으로 운명을 이겨라

답을 해줬다. 다음에는 밖에 줄을 서서 기다리는 고객에게 "반갑습니다"라며 인사를 했다. 그리고 커피 서빙을 할 때 "안녕하세요, 반갑습니다"라며 인사를 했다.

그러자 기적이 일어났다. "안녕하세요, 반갑습니다"라고 인사를 건네자 한 고객이 "아니, 내가 지난달에 왔었는데 기억을 해주네요?"라고 대답하는 것이 아닌가. 특별한 인사법은 고객에게 깊은 인상을 남겼다.

인사말 하나 바꿨을 뿐인데……

인사 한마디가 고객에게 남기는 첫인상의 효과를 잘 알고 있는 나는 화미주의 경영을 책임지면서부터 바로 인사말을 바꿨다. 서비스라는 개념조차 없었던 초기, 직원들은 새로운 인사말을 부담스러워했다. 그러나 한 번 성공의 경험이 있었던 만큼 나는 포기하지 않았다.

그리하여 10여 년 동안 화미주의 인사는 "안녕하세요"였고, 고객은 화미주의 조금 다른 인사말을 기분 좋게 기억했다. 하지만 1990년대 중반에 들어서면서 많은 미용실이 "안녕하세요"라는 인사말을 시작했고, 다시 새로운 인사말을 찾아야 했다.

"이제부터 화미주의 인사말은 '사랑합니다' 입니다."

나는 그날 직원들의 표정을 아직도 잊지 못한다. 모두 눈을 동그랗게 뜨고 일제히 나를 응시하는데, 나를 마치 정신이라도 나간 사람을 보는 듯 그 눈길이 따가웠다. 역시나 직원들은 내 생각에 따라주지 않았다. 내가 계속 야단을 치니까 나중에는 내가 있을 때만 "사랑합니다"

라고 인사를 겨우 했는데, 잔뜩 기어들어가는 목소리에 귀를 기울이는 고객은 없었다.

모든 지점에 내가 지키고 앉아 있을 수도 없고, 무엇보다 인사란 고객을 대하는 진심이어야 하는데 마지못해 하는 인사말은 고객에게 특별한 인상을 주기 어렵다. 고객은 특색 있는 인사말이 아닌, 그 말에 스며 있는 진심을 듣는다. "사랑합니다"는 단지 튀기 위한 인사말이 아니라, 고객가치다.

직원들이 이와 같은 생각을 이해해주지 않는다는 생각에 나는 무척 서운하고, 또 화가 났다. 하지만 직원들은 오히려 내게 불만을 품고 있었다. 낯선 사람에게 다짜고짜 사랑한다고 인사를 하는 일이 쉽지 않을뿐더러, 특히 남자 직원들은 "자칫 뺨 맞을 소리"라며 난감해했다. 직원들만 야단치기 미안했던 나는 대표원장으로 근무하던 아내에게 유독 큰 소리로 잔소리를 해댔다.

하루는 또다시 인사 교육을 하고 있었는데, 마침 미용실로 들어서는 고객이 보였다. 그러자 아내가 갑자기 내 팔을 잡더니 "시범을 보이라"며 고객 앞으로 확 밀어버렸다. 얼떨결에 고객 앞으로 나서게 된 나는 마음을 다잡고 입을 열었다.

"…랑합니다."

미용실 안은 삽시간에 폭소로 가득했다. 직원들은 눈물까지 흘리며 웃는데, 나는 그만 얼굴이 붉게 달아올랐다. 갑작스러운 상황에 고객이 "아저씨, 뭐라고요?"라고 되묻는데, 나도 모르게 "아니, 아무것도 아닙니

간절함으로 운명을 이겨라

다"라는 말이 튀어나왔다. 직원들의 웃음소리는 더 커졌고, 나 역시 기가 막혀 피식 웃음이 나와버렸다.

"사장님, 거 보세요. 쉬운 일 아니죠?"

정말 쉽지 않았다. 나조차도 하기 어려운 인사말을 어떻게 하면 직원들에게 안착시킬 수 있을까. 한참의 시간이 흐른 후 화미주의 인사말을 명시한 안내판을 미용실 입구에 설치함으로써 직원들의 부담과 고객의 낯섦을 한 번에 해결할 수 있었다.

"사랑합니다. 고객님!"

인사말 "사랑합니다"는 우리 브랜드를 널리 알린 1등 공신이다. 말 한마디 바꿨을 뿐인데, 고객은 화미주를 특별하게 기억했고, 소문은 사람들의 입술을 타고 더 빨리 확산되었다. 말 그대로 고객이 밀려들었고, 빠른 성장의 발판을 마련할 수 있었다.

내가 평소 화술의 중요성을 강조하며 자주 언급하는 "설동설(舌動說), 말이 세상을 움직인다"는 얘기는 바로 이때의 경험을 통해 깨달은 살아 숨 쉬는 진실이다.

듣고 싶은 말이 돈을 번다

    듣고 싶은 말을 하는 것은 생각만큼 쉽지 않다. 그러나 듣고 싶은 말을 하는 것은 고객과의 대화에서 상당히 큰 영향력을 차지한다. 친구와의 관계에서 내가 하고 싶은 말만 하면 기껏해야 삐지고, 따지고, 가끔 싸우고, 다시 오해를 풀고 화해를 하면 된다. 그러나 고객은 다르다. 원하는 것을 얻지 못하면 언제든 떠나기 마련이다. 고객이 듣고 싶은 말을 해야 마음을 열고, 지갑을 열고, 오랫동안 관계가 유지된다.

    고객이 듣고 싶은 말을 하기 위해서는 먼저 고객의 마음을 이해해야한다. 답은 고객과의 대화 속에 있다. 고객의 질문과 불만에 집중해야 한다. 그 안에 고객이 듣고 싶은 말이 무엇인지, 답이 숨어 있다.

고객이 듣고 싶은 말은 따로 있다

"여기는 왜 이렇게 비싸죠?"

언젠가 화미주를 찾은 고객이 직원에게 가격에 대한 불만을 터뜨렸다. 화미주의 기술력과 서비스 품질을 생각하면 비싼 가격이 아니라고 자신하지만, 다른 미용실의 평균 가격에 비해 비싼 것이 사실이다. 고객이 상담을 받고 가격에 불만을 표시하니 담당 디자이너는 당황스러울 수밖에 없었다. 잠시 어색한 미소를 짓던 디자이너가 어렵게 입을 열었다.

"아니에요, 고객님. 화미주 약의 품질이 다른 곳과 달라요."

그런데 고객이 여전히 어두운 표정을 짓고 있자, 디자이너가 한마디를 더 했다.

"아이고, 고객님, 여기 광복동 임대료가 얼마인데요, 동네 미용실하고 비교하시면 안 됩니다."

이쯤 되면 이해해줄 만한데, 고객의 표정은 더 어두워졌다. 잠시 생각을 하는 듯 아무 말이 없던 고객은 디자이너가 권한 몇 가지 시술을 다 거절하고, 파마만 하겠다고 했다.

이 디자이너의 고객 상담에는 무슨 문제가 있는 걸까. 정확한 답을 찾고, 이해하기 위해 먼저 세계적인 기업가 하워드 슐츠(Howard Schultz) 스타벅스 CEO의 사례를 잠시 살펴보겠다.

"여기는 커피 값이 왜 이렇게 비싸죠?"

미국 시애틀의 스타벅스 본점, 한가한 오후 고객 한 명이 커피를 주문하며 직원에게 묻자 직원이 친절하게 대답했다.

"네, 저희는 최고급 원두만 씁니다."

하지만 고객은 여전히 굳은 얼굴로 직원을 빤히 쳐다보았다.

1971년 창업한 스타벅스는 1987년 하워드 슐츠가 경영을 맡은 후 세계적인 프랜차이즈 커피전문점 브랜드로 성장했다. 맛과 품질을 인정받아 빠르게 시장을 넓혔지만, 다른 커피숍에 비해 가격이 다소 비싸다 보니 종종 불만 고객과 만나야 했다. 직원들은 이런 난감한 상황에 어려움을 호소했고, 하워드 슐츠는 직원들을 대상으로 특별 교육을 시행했다.

"고객이 커피 값이 비싼 이유를 묻는 이유가 뭘까요?"

고개만 갸우뚱하는 직원들에게 하워드 슐츠는 "먹어보지도 않았는데 값이 비싸다고 하는 것은 질문의 의도가 다른 데 있다"며 설명을 이어갔다. 고객은 분명 값이 비싼 이유를 질문했다. 하지만 그 사람은 스타벅스의 커피 값을 모르고 주문하지 않았다. 선택해놓고 가격이 비싸다고 말한 것은 다른 속마음이 있기 때문이다. 비싼 커피를 구매하는 만큼, 다른 커피숍과 차별화된 가치를 원했다.

"고객이 가격에 대한 불만을 얘기하면 무조건 '죄송합니다'라고 하세요. 그리고 커피를 내리는 동안 다시 고객에게 '저희 커피는 세상에서 가장 엄선된 원두로 만듭니다, 고객님'이라고 설명하세요. 그러는 사이 커피가 다 내려질 겁니다. 그럼 친절한 미소와 함께 커피를 건네주세요."

하워드 슐츠의 말과 직원의 '저희는 최고급 원두만 씁니다'는 말은 뭐

간절함으로 운명을 이겨라

가 다른 걸까. 여기에는 큰 차이가 있다.

직원의 대답은 고객의 질문에 대한 단순한 설명에 불과하다. 하지만 하워드 슐츠는 비싼 커피를 마셔야 하는 명분을 고객이 듣고 싶은 방식으로 전달했다. 일단 '죄송하다'는 사과를 통해 조금 더 비싼 가격에 불만이 있을 고객의 마음을 이해하는 모습을 보여줬다. 다음 고객이 커피를 받기 전 '엄선된 원두'라는 정보를 제공한 후, 잠시 시간차를 두고 커피를 내어준 것은 놀라운 전략이다.

잠깐의 시간 동안 고객은 아직 맛을 보지 못한 커피가 세계에서 가장 엄선된 원두로 만든 커피라는 생각을 다시 되뇌게 된다. 그 생각이 머릿속에 자리 잡은 후 마시는 커피의 맛은 어떨까. 분명히 더 맛있게 느낄 수밖에 없다. 돈을 조금 더 내고 마신 커피는 당연히 더 맛있어야 한다. 이것이 바로 고객이 질문을 통해 얻고 싶었던 가치다.

고객 만족이 최고의 가치다

화미주의 고객이 가격이 비싼 이유를 질문한 의도도 이와 같다. 고객의 집 앞에도 있는 미용실을 마다하고, 굳이 우리 미용실을 찾았을 때 이미 가격을 치를 마음이 준비되어 있었다. 그런데도 고객이 "화미주는 왜 비싸요?"라고 묻는다면 직원은 질문의 의도, 즉 고객의 속마음을 읽을 수 있어야 한다.

같은 메뉴인데 더 비싼 레스토랑에 갔을 때, 같은 서비스인데 더 비싼 마사지숍에 갔을 때 고객이 원하는 것은 바로 상품(서비스)+가치다. 여기서 가치란 바로 만족이다. 한마디로 "돈을 더 내니 잘 좀 해줘요"라는 메시지를 읽어야 한다.

고객의 속마음은 이런데 직원이 "우리가 사용하는 제품은 좋은 제품"이라거나 "임대료가 비싸다"는 얘기를 해봤자 고객의 귀에 들리지 않는다. 듣고 싶은 말이 아니기 때문이다. 미용실은 생존을 위한 물품(서비스)을 판매하는 곳이 아니다. 따라서 고객이 미용실을 찾는 이유도 반드시 구매해야만 하는 물품(서비스)을 구하기 위함이 아니다. 고객이 미용실에서 원하는 것은 만족도를 높이기 위함이다.

자신에게 어울리는 헤어스타일을 찾으면 만족스러울 것이다. 하지만 그 만족도는 시술이 진행되는 동안 미용실 안에서 이루어지는 대화와 서비스에 크게 좌우된다. 헤어스타일이 아무리 예뻐도, 결국 '+가치'가 충족되지 않으면 다시 그 미용실을 찾지 않게 된다.

미용실을 찾는 고객이 듣고 싶은 말은 무엇일까. 어떤 말이 고객 만족도를 높일 수 있을까.

"제가 원한 스타일이 아닌 것 같아요."

시술이 끝난 후 고객이 불만을 토로하는 것은 종종 벌어지는 일이다. 디자이너와 상담을 할 때 똑같이 해달라며 사진까지 내밀었는데, 생각했던 스타일이 나오지 않자 고객은 화가 났다.

이때 디자이너가 "고객님 머리숱이 적어서 다르게 보이는 거죠. 스타일은 아주 예쁘게 나왔어요"라고 한다면 고객은 무슨 생각을 할까. '그래 맞아, 내가 머리숱이 적어서 그렇지'라고 수긍할 수 있을까. 그럴 가능성은 절대로 없다.

스타일이 마음에 들지 않아 화가 난 고객이 듣고 싶은 말은 "우리는 잘했는데, 당신 머리숱이 없는 게 문제"라는 말이 아니기 때문이다. 고객이 불만을 품었을 때 가장 원하는 것은 마음을 알아주는 것이다. 당연히 이해와 공감의 말을 듣고 싶을 수밖에 없다. 고객의 감정을 함께 이해하는 것, 시작은 무조건 사과다.

"죄송합니다, 고객님. 스타일이 생각했던 모습과 다르게 느껴지십니까?"라는 말로 고객과 소통의 통로를 열어야 한다. 실제로 고객의 머리숱이 문제라고 해도 고객의 탓이라고 말해서는 안 된다.

고객의 불만을 귀 기울여 들으면 고객이 원하는 바를 충분히 알 수 있다. 단지 어색함에 대한 토로인지, 재시술을 원하는지 등의 속마음을 이해한 후 최대한 고객이 듣고 싶은 얘기를 제안할 수 있어야 한다. 그렇지 않으면 그 고객은 다시 오지 않을 것이다.

미용실이 판매하는 상품은 공장에서 똑같이 제조하는 상품과 전혀 다르다. 디자이너에 따라 천 가지, 만 가지 스타일이 만들어지고, 평가도 고객의 기분에 따라 정해진다. 일정한 규격이 없으니 고객의 만족도가 곧 평가다. 고객의 스타일을 만지기 전부터 시술이 끝날 때까지 고객의 감성을 만져줘야 하는 이유다.

고객이 듣고 싶은 말을 잘하는 방법, 그것은 바로 고객의 마음을 아는 데서 출발한다.

....

듣고 싶은 말, 경청하면 들린다

    상대방이 듣고 싶은 말을 하라는 이야기를 자칫 칭찬이나 아부의 기술을 익히라는 말로 이해한다면 곤란하다. 상대가 듣고 싶은 말을 해야 하는 이유는 상대가 원하는 서비스를 충족시켜주고, 만족을 드리고, 신뢰를 얻기 위함이다. 고객의 신뢰를 얻는 일, 듣고 싶은 말을 하는 것, 이것은 결국 고객에 대한 배려의 마음이다.

    듣고 싶은 말을 하기 위해 해야 할 일은 먼저 듣는 것이다. 하지만 고객이 마음을 활짝 열고 자기 마음과 생각을 일일이 가르쳐주지는 않는다. 결국 고객의 이야기를 잘 듣기 위해서는 잘 질문해야 한다.

모든 정보는 고객과 대화 속에 있다

미용실에서 고객이 가장 듣고 싶은 말은 당연히 "아름답다", "멋있다", "세련되었다", "개성 있다" 등 칭찬의 말이다. 칭찬의 말을 싫어하는 사람은 없다. 그래서 고객과 거리를 좁히고, 마음을 여는 대화의 시작은 칭찬의 말이 제격이다.

"고객님, 오늘 너무 아름다우세요. 표정이 정말 밝고 좋으세요. 요즘 운동하시나요?"

자연스러운 칭찬의 말끝에 슬그머니 근황을 물으면, 고객은 대부분 편안하게 자신의 이야기를 시작한다.

"요즘 요가를 시작했는데, 스트레스가 풀리다 보니 마음이 편해요……."

일단 대화의 물꼬가 터지면 고객의 이야기에 바짝 집중해야 한다. 스르륵 지나가는 말 속에 마음을 읽을 수 있는 값진 정보가 담겨 있기 때문이다. 너무 길게 필요 이상의 이야기로 흘러갈 경우 적당히 다른 질문으로 화제를 전환해주는 센스가 필요하다.

이렇게 가족관계, 직업, 패션, 취향, 고향 등에 대한 이야기를 술술 풀어가다 보면 자연스럽게 선호하는 헤어스타일, 성격을 알게 되고, 최적의 스타일을 제안할 수도 있다. 그리고 새로운 고객을 유치할 기회도 얻을 수 있다.

"동생분도 커트 스타일을 좋아하세요? 고객님처럼 두상이 예쁘면 커트가 정말 잘 어울리죠. 제가 돌아가실 때 명함 한 장 더 드릴 테니 동생분에게 전해주세요. 그 명함 가져오시면 20% 할인해드릴게요."

서비스에 만족한 고객이 동생에게 추천하는 정도가 아니라, 아예 데려올 수밖에 없도록 명분을 주면 좋다. 디자이너가 원하는 바를 고객이 듣고 싶은 말로 전달하는 것이 바로 대화의 기술이다.

"어머, 친구 세 분이 함께 여행가세요? 그럼 여행 가시기 전에 한번 오세요. 머리를 쉽게 손질할 수 있는 스타일로 다시 만져드릴게요. 참, 오실 때 친구분도 함께 오세요. 여행 가기 전에 친구 세 분 모두 영양 서비스해드릴게요."

자신의 이야기를 재미있게 들어주고, 웃으며 공감해준 디자이너가 친구까지 함께 서비스를 해주겠다고 하는 데 기분이 좋지 않은 고객은 없다. 이 고객은 자신이 얻은 서비스 기회를 친구들에게 기분 좋게 홍보할 것이다.

고객과 부드러운 대화를 지속하기 위해서는 적절한 추임새도 필요하다. 그냥 고개만 끄덕이지 말고, "어머, 정말 부러워요", "와! 진짜 멋지다" 등 감탄사와 맞장구는 대화를 맛있게 만들고, 고객의 흥을 돋우는 역할을 한다.

맞장구를 치다 보면 고객에게 질문을 하게 되는 경우가 있다. "그래서 어떻게 되었어요?", "무슨 음악을 좋아하시는데요?" 등등. 이때 질문도 고객이 듣고 싶은 말이어야 하며, 고객이 스스로 하고 싶은 말을 하도록 유도하는 정도의 내용이 좋다.

"클래식을 좋아하시는군요, 저도 좀 공부하고 싶은데, 추천해주실 만

한 곡이 있을까요?"는 괜찮지만, "그럼 소프라노 ○○○에 대해서도 잘 아시겠네요?"라는 식은 곤란하다. 질문은 고객을 위한 것이지, 나의 궁금증을 풀기 위한 것이 되어서는 안 된다.

고객을 이해하는 다섯 가지 심리

대화에서 언제나 상대방이 듣고 싶은 말만 하기란 어렵다. 그래서 필요한 것이 먼저 고객의 심리를 이해하는 일이다. 고객의 심리를 연구한 자료들을 분석해보면 5개의 공통적인 특징이 나타난다.

첫째, 고객은 늘 환영받고 싶어 한다. 고객이 미용실에 들어설 때 활기찬 목소리와 친절한 미소로 "사랑합니다, 고객님"이라고 인사를 하는 마음과 멀뚱히 쳐다보며 들릴락 말락 힘없는 목소리로 형식적인 인사를 하는 태도의 차이를 고객은 잘 안다.

둘째, 고객은 욕심꾸러기다. 모든 직원이 자신에게만 관심을 두길 바란다. 두세 명의 고객을 한 번에 응대해야 할 경우가 많은 미용실에서 한 명의 고객에게만 집중하기란 쉽지 않다. 그런데도 모든 고객은 자신이 '특별한' 관심을 받는 존재로 느껴야 한다. 대기 중인 고객의 표정을 살펴 미리 서비스를 제공하고, 지나는 길에도 눈을 마주치고 말을 거는 등 특별히 신경을 쓰고 있다는 것을 행동으로 보여줘야 한다.

몇 달 만에 찾아온 고객에게도 지난번 나눴던 화제로 대화를 시작하는 게 중요하다. "여행은 잘 다녀오셨어요? 머리 손질에 어려움은 없으셨어요?"라거나 "많이 바쁘다고 하시더니 머릿결도 푸석해지셨어요. 오늘 특별히 영양 서비스해드릴게요"등 관심의 표현이 중요하다.

셋째, 고객은 존경받고 싶어 한다. 겸손한 자세는 기본이고, 편한 대화 중에도 반드시 존칭어를 사용해야 한다. 고객 상담을 진행할 때 우리 직원들은 무릎을 꿇고 고객과 눈높이를 맞추고 있다. 처음에는 어색해하던 고객도 자신을 높여주는 직원들의 자세에 마음을 열고, 오히려 직원들을 더 존중해주는 모습을 보여주고 있다.

넷째, 고객은 매장에 있는 동안 편안함과 행복함을 느끼고 싶어 한다. 고객이 아무런 불평을 하지 않아도 먼저 배려하는 말 한마디가 무척 중요하다. "불편한 곳 없으세요?", "허리가 불편하지 않으십니까, 쿠션을 가져다 드리겠습니다", "어깨가 뻐근하시죠? 혈액순환을 도와주는 마사지를 해드리겠습니다"등 감성을 헤아리는 말이 고객 만족도를 높인다.

다섯째, 고객은 자신의 부탁을 들어주기 바란다. 고객이 "저, 부탁이 있는데요"라고 말을 꺼냈을 때 부담부터 가질 필요가 없다. 고객의 부탁이란 게 대부분 사소한 것들이기 때문이다.

부탁을 들어주고 나서 생색을 내는 것도 절대로 해서는 안 된다. "원래 안 되는 건데 제가 그냥 해드릴게요"라는 말로 생색을 내봤자 고객의 마음은 불편하기만 하다. 그보다는 "네, 고객님, 더 필요한 것은 없으십니까?"라고 응대했을 때 고객은 고마움을 느끼고, 그 사람을 기억한다. 고객의 부탁은 기꺼이 들어주는 게 더 폼 나는 일이라는 걸 기억해야 한다.

조직과 직원관리, 화술이 열쇠다

화술이란 말을 잘하는 기술이다. 말을 잘한다는 것은 단지 매끄러운 말솜씨를 뜻하지는 않는다. 화술에는 상대의 기분을 배려하고, 인격을 존중하는 말로 대화하는 지혜가 담겨 있어야 한다.

"부자가 되고 싶으면 당신이 하고 싶은 말을 하지 말고 앞에 있는 사람이 듣고 싶은 말을 해야 합니다. 그럼 지금부터 각자 어제 무슨 말을 했는지 생각해보고, 종이에 쭉 적어보세요."

내가 무척이나 좋아했던 한 화술강의에서 강사가 즉석 과제를 내주었다. 수강생들은 대부분 중소기업이나 자영업체를 운영하는 사장이거나 기업의 임원이었는데, 나를 포함해 머리가 희끗희끗한 중년의 아저씨들은 강사의 지시에 따라 일제히 책상 위에 종이 한 장을 펼쳤다.

'어제 내가 무슨 말을 했지?'

종일 입이 마를 정도로 많은 말을 했는데, 도무지 생각이 나지 않았다. 슬그머니 다른 사람들을 살펴보니 하나같이 모두 답답한 표정으로 종이만 뚫어져라 바라보고 있었다. 피식 웃음을 참으며 한참 동안 기억을 더듬었다.

잠시 후, 하얀 종이 위에 조용히 적어 내려가는 동안 나는 적잖이 충격을 받았다.

"~하지 마", "~해", "~치워", "~해라", "지금 몇 시야!"

내가 하루 동안 내뱉은 말의 90%는 지시와 명령어였다. 처음 미용실 총무로 일을 시작했을 때부터 나는 서비스 교육에 집중해왔고 특히 서로 존중하는 언어문화를 강조해왔는데, 정작 내 입에서 나오는 말이 이토록 듣기 싫은 말이라니, 참으로 부끄러웠다.

신입부터 대표까지 존댓말의 힘

그날 이후 나는 달라지기 위해 무척 노력했다. 직원들에게 지시할 때 혹시라도 부정적인 말투가 튀어나오지 않을까 잔뜩 긴장을 한 채 하루를 보냈을 정도다. 하지만 단지 예쁘게 말을 하는 것에만 집중하지는 않았다. 그보다는 직원들이 듣고 싶은 말이 무엇인지를 고민했고 그 마음을 알기 위해 지시를 할 때마다 조금씩 말을 달리하며 직원들의 반응을 살폈다.

내가 부정적인 말투로 "~하지 마", "~해"라고 할 때, 직원들은 깍듯하게 "네"라거나 "알았어요"라고 대답했다. 하지만 표정이 밝지 않았고, 무엇보다 지시사항이 잘 지켜지지 않았다. 아마도 뒤에서 내 욕도 적잖이 했을 것이다. 그런데 "~해주시겠습니까?"라고 했더니 "네, 알겠습니다"라는 답이 돌아왔다. 말을 조금 바꿨을 뿐인데, 직원들도 상당히 달라진 모습을 보이기 시작했다. 표정도 훨씬 좋았고 무엇보다 지시한 내용을 받아들이는 태도가 크게 변했다.

내가 본격적으로 존칭어를 사용하게 되었을 때, 화미주의 분위기는 완전히 달라졌다.

"○○님, ~ 해주시겠습니까?"

"네, 대표님. 알겠습니다."

정말 놀랍지 않은가. 따로 시간을 내어 잔소리하지 않아도 직원들은 내 말을 잘 따라주었다. 명령이 아닌 부탁으로, 반말이 아닌 존댓말로 대화하는 것, 이것이 바로 화술이며 직원들이 대표인 내게 원하는 존중이었다.

사실 화미주는 오래전부터 존댓말 예절을 시행하고 있었다. 미용실의 서비스 문화를 개혁하기 위해 내가 처음 강력하게 시도한 것이 바로 디자이너와 파트너의 상호 존댓말 쓰기였다. 1980년대 중반, 미용실 문화는 흡사 군대만큼이나 권위적이었다. 파트너에게 디자이너는 하늘 같은 존재였고, 디자이너는 어린 파트너들을 마치 하인 부리듯 함부로 대했다. 호칭은 '김 양'이었고, 반말은 기본이었다.

당시 나는 화술이 무엇인지 명확하게 깨닫고 있지는 못했다. 하지만 디자이너들이 권위적 태도를 버리고, 고객을 존중하는 서비스 정신을 갖기 위해서는 먼저 말부터 바꿔야 한다고 생각했다. 디자이너들의 불만과 반발에도 불구하고 나는 무척이나 세게 상호 존댓말 사용하기를 밀어붙였다. 그리고 시간이 흐르면서 화술의 힘을 절절하게 경험했고, 이후 본격적으로 대화법을 적용해나갔다.

노력하지 않는 직원 앞에선 더욱 말을 높이며 존댓말 문화를 안착시키기 위해 노력했다.

물론 나 역시 예외일 수는 없었다. 회의시간에도, 조회시간에도, 그리고 교육시간에도 어김없이 존칭어를 사용했다. 대표인 내가 철저하게 지키니, 원장을 비롯한 간부 직원들이 따라 하지 않을 수 없었고, 선배들이 변하자 전 직원들에게 변화의 물결이 빠르게 확산되어 갔다.

화미주는 새로 사원을 채용할 때마다 '신입사원 교육'을 진행한다. 그런데 언젠가 신입사원 교육이 끝난 후 한 직원이 내게 선물이라며 종이 한 장을 내밀었다. 얼떨결에 받아서 보니 내 얼굴을 재미있게 그려놓은 캐리커처였다.

'아니, 내 얼굴이 이렇단 말인가…….'

눈을 크게 뜨고 한참 그림을 들여다보는 나와 다르게, 옆에서 함께 그림을 본 직원들은 그대로 폭소를 터뜨리기 시작했다. 양옆 귀까지 씨익 올라간 입꼬리와 어우러진 반달 눈, 웃음으로 가득한 얼굴 옆에는 '써마일'이라는 글씨가 쓰여 있었다. 한 번 터진 직원들의 웃음 핵폭탄은 멈출 줄 모르고 번져나가기 시작했고, 나 역시 '허허허' 너털웃음을 짓고 말았다.

써마일(스마일)은 내가 최근 직원들에게 건네는 인사말이다. 언제나 미소로 인사를 나누자는 뜻에서 스마일이라는 인사말을 사용하기 시작했는데, 내 특유의 부산 사투리와 표정을 살려 어찌나 잘 그려놓았는지 볼수록 웃음이 나온다.

관계를 만드는 시너지 효과

분야에 상관없이 직장 생활을 성공적으로 해내기 위한 기본 조건은 관계다. 선배, 동료들과 좋은 관계를 맺어야만 일이 즐겁고, 능률이 오른다. 이것이 바로 시너지 효과다. 미용은 특히 구성원들의 배려와 협동이 무척 중요하다. 한 명의 고객을 만족하게 하기 위해 디자이너와 파트너의 호흡, 경영자와 직원의 상호 배려가 필요하다. 이것을 가능하게 하는 것이 바로 화술이다.

화술은 생각보다 쉽다. 내가 듣고 싶은 말이 상대가 듣고 싶은 말이라는 중요한 기본 원칙만 잊지 않으면 된다. 내가 듣고 싶고 상대가 듣고 싶은 말, 그 첫 번째가 바로 칭찬이다.

"미주 씨, 꼼꼼하게 일을 잘하시네요. 미주 씨가 있어서 참 좋습니다."

칭찬의 말은 상대를 구속하는 힘이 있다. 칭찬해준 상대에게는 늘 좋은 모습으로 남고 싶은 게 바로 사람의 심리다. 감사의 마음을 듬뿍 담은 칭찬으로 내 편을 많이 만들면 그만큼 협력의 시너지 효과도 커진다.

구성원 간 서로 눈빛만 봐도 이해하고 협력하는 찰떡 호흡의 팀워크는 성공적인 비즈니스를 위한 핵심 요소다. 진심을 담은 말 한마디를 상대가 듣기 좋게 전하는 습관이 강한 조직을 만들고, 개인의 목표 달성에 한 걸음 더 다가갈 수 있도록 만든다. 상대의 마음을 얻는 화술을 노력해 익혀야만 할 이유가 너무나 분명하지 않은가.

고객의 마음을 움직이는 '존중의 말'

"사랑합니다, 고객님!"

"불편한 곳은 없으십니까, 고객님. 사랑합니다."

지난 17년 동안 화미주는 한결같은 인사로 고객을 맞았다. 처음 직원들과 고객 모두 당황했던 이 인사말이 오랜 시간 체화되는 동안 화미주의 고객 사랑 정신은 더 깊어졌고, 고객 서비스 행동은 체질이 되었다. 이것이 바로 존중의 말, 화술의 힘이다.

화술은 존중과 긍정의 마음이다

화미주를 찾는 고객은 "화미주는 정말 분위기가 좋다"는 말을 자주 한다.

나는 고객이 느낀 화미주의 좋은 분위기가 바로 우리의 조직문화라는 것을 잘 알고 있다. 직원들은 미용실 안에서 대화할 때는 반드시 '님', '다', '까', '예'로 끝나는 말을 사용한다. 이 원칙은 고객이 없는 자리에서도 반드시 지켜야 한다.

말이란 습관이다. 고객이 없을 때 직원들끼리 반말을 사용하게 되면, 고객이 앞에 있어도 무의식중에 반말과 장난을 치는 등의 예의 없는 태도가 튀어나오게 된다.

고객 앞에서 디자이너가 파트너에게 부탁할 때는 "미주 님, 샴푸를 한 번 부탁드려도 되겠습니까?"라고 묻고, 파트너는 "네, 알겠습니다"라고 대답해야 한다.

고객이 시술을 받는 도중 담당 파트너를 교체해야 하는 경우 고객에게 아무 말도 없이 파트너끼리 업무를 인계해서는 안 된다. 담당 파트너는 "고객님, 죄송합니다. 파트너 ○○ 님이 이어서 계속 중화를 해드려도 되겠습니까?"라고 양해를 구해야 하고, 새로 인계를 받은 파트너는 "사랑합니다, 고객님. 파트너 ○○입니다. 제가 이어서 중화를 해드리겠습니다"라고 알려야 한다.

또 대기하는 중 잡지를 보느라 집중하고 있는 고객에게 불쑥 다가가 머리를 바로 만지는 행동은 좋지 않다. 이때는 먼저 "실례합니다, 고객님"이라고 주의를 환기한 후, "○○○ 해드리겠습니다"라고 안내를 한 후 서비스를 제공해야 한다.

고객과 대화를 더욱 부드럽게 해주는 화술로는 쿠션 용어를 적절하게 사용하는 방법이 있다. 쿠션 용어란 전하고자 하는 메시지의 앞과 뒤에 넣어 완충 역할을 하는 말로서, 거절이나 부정적 내용을 전달할 때 특히 유용하다.

예를 들면 고객에게 "안 됩니다"라는 말을 해야 할 때 "죄송합니다만 고객님"이라는 말을 앞에 넣어줌으로써 고객의 기분이 상하지 않도록 배려할 수 있다.

쿠션 용어를 사용하지 않아도 부정적인 내용을 긍정적인 표현으로 완곡하게 바꿀 수 있다. 고객의 요구를 그대로 수용하기 어려울 때 "없습니다"고 말하면 상대방에게 부정적인 감정을 그대로 전달하게 된다.

하지만 "~것과 같은 것은 아니지만 유사한 기능을 가진 것이 있습니다. 이 제품으로 사용해보시면 어떻겠습니까"라는 방식으로 바꿔 표현한다면, 고객은 기분 나쁜 거절을 당한 것이 아니라, 새로운 제안을 받은 것으로 이해할 수 있다. 당연히 부정적 감정이 남지 않게 된다.

고객과 직원이 서로 존중하는 선순환 효과

대부분의 서비스 업종 매장에서는 직원들을 대상으로 고객과 어떻게 대화를 하고, 응대해야 하는지 교육한다. 소중한 고객의 마음을 붙잡기 위한 노력이다. 하지만 동료들끼리, 또 상사와 부하, 경영자와 직원들 사이에 사용해야 할 말이나 화법에 대한 교육은 별로 중요하게 생각하지 않는다.

그러나 고객이 느끼는 존중의 진심은 단지 고객용 서비스 용어로는 전해지지 않는다. 고객을 자꾸 매장으로 불러들이는 힘은 직원을 존중하는 조직의 문화에서 시작된다.

화미주는 대표부터 신입 파트너까지 모두 존댓말을 사용한다. 나는 미용실에 고객이 있어도 언제나 환한 미소로 직원들을 안아주고 인사를 한다.

고객이 최우선인 미용실에서 언제나 우리 직원들, 바로 내부고객을 존중하는 모습을 고객에게 당당하게 보여준다.

직원들의 수평적인 존중 문화를 고객도 무척 좋아한다. 우리의 문화를 아는 고객은 화미주가 건네는 말과 그 안에 담긴 메시지가 진심이라는 것도 알고 있다. 그리고 언제부턴가 고객도 함께 우리 직원들을 존중해주고 있다. 좋은 말, 바른 화술로 소통하는 조직이 만들어낸 선순환 효과다.

미용업은 고객 만족을 최고의 가치로 지향한다. 고객의 귀를 즐겁게 하고 마음을 행복하게 해주는 데 음악보다 더 큰 효과가 있는 것이 바로 말이다.

그 말을 잘하기 위해 필요한 것은 먼저 고객을 진심으로 존중하는 마음이다. 그 마음을 담아 어떤 말로 어떻게 말할 것인가. 그 방법이 고민된다면 당장 내가 듣고 싶고 감동할 수 있는 말을 생각하면 된다.

고객에게 감동을 주고, 고객으로부터 존중을 받는 화술의 마법은 서비스업에서 가장 필요한 덕목이다.

PART

3

운영 방식

: 성공의 모든 것은 사람에 있다

CHAPTER 1

고객 관계,
소통이 시작이고 끝이다

소통의 시작, 모니터링

　'1:250의 법칙.' 처음 세계적인 자동차 판매왕 조 지라드(Joe Girard)에 대해 알게 되었을 때 내 머릿속에 강렬하게 남은 말이다.

　15년간 13,000대의 자동차를 판매해 기네스북에 오른 조 지라드는 장례식의 평균 문상객과 결혼식의 평균 하객이 모두 250명이라는 얘기를 듣고, '한 사람이 미칠 수 있는 인간관계의 범위가 250명'이라는 사실을 알았다. "한 명의 고객을 잃으면 250명의 고객을 잃는 것과 같다"는 유명한 이야기는 이렇게 탄생했다.

　미용실이 고객관리를 하는 목적과 자동차 세일즈에서 고객관리를 하는 목적은 다르지 않다. 고객과 단단한 유대관계를 형성해 한 번 고객을 평생고객으로 만들기 위함이다. 하지만 다른 점이 있다. 자동차 세일즈는 고객을 찾아가지만, 미용실은 고객이 찾아와야 한다. 어떻게 하면 고객이 찾아올까?

미용실의 고객관리를 위해 내가 처음 도입한 것은 고객카드다. 고객 정보가 있다면 더욱 체계적인 관리가 가능하기 때문이다. 최신 헤어정보, 사은행사를 안내하는 화미주 매거진을 고객에게 발송하고, 무료 쿠폰 등을 첨부해 고객을 유치했다. 또한 고객이 다른 고객을 소개할 경우 무료 드라이와 클리닉을 서비스해주고, 주변 업체에서 화미주에 고객을 소개하면 소개인에게 소정의 금액을 주는 등 관계를 활용한 다양한 마케팅도 시도했다.

고객에게 집중한 다양한 마케팅은 크고 작은 성과를 낳았고, 화미주가 지속적인 성장세를 유지하는 데 큰 공을 세웠다. 그러나 모든 성장의 과정에는 '매너리즘'이라는 복병이 숨어 있다. 한참 잘나가는 화미주에도 조금씩 고객 불만들이 나타나기 시작했다.

나는 그 사인을 예사롭게 넘길 수 없었다. 주위에서 화미주가 잘하고 있다고 하지만 과연 고객은 어떤 평가를 하고 있을까. 고객이 원하는 것을 우리는 잘 이행하고 있는 걸까. 고객의 진짜 목소리를 들어보기로 했다.

고객의 진짜 목소리를 들어라

우리도 모르는 민낯을 알기 위해 나는 용감한 도전을 결정했다. 화미주가 고객 만족을 위해 시행하고 있는 서비스 정책, 직원들의 태도, 매장 관리, 그리고 디자이너의 실력까지 냉정한 평가를 받아야만 더 큰 도약의 기반을 마련할 수 있다고 생각하고 고객 모니터링제도를 도입하기로 하였다. 고객과 처음 소통의 통로를 뚫는 일은 쉽지 않았지만 많은 노력 끝에 고객은 소중한 의견을 보내주었다.

"천장에 물이 새는지, 쥐가 오줌을 쌌는지 누렇게 번진 자국이 너무 보기 안 좋아요."

"슬리퍼를 끌고 다니는 소리가 조금 거슬리더군요."

"제가 6년 동안 화미주를 다녔는데 아직 디자이너 이름을 몰라요. 제게 명함을 준 적이 없거든요."

"머리를 하는 동안 직원들이 수다를 떠느라 정신이 없더군요. 어쩔 수 없이 듣고 있었는데 지겨워 죽는 줄 알았습니다."

"샴푸를 하거나 중화를 하는데, 아무런 설명도 없이 갑자기 직원이 여러 번 바뀌더군요. 마치 물건 취급을 받은 것 같아 기분이 나빴어요."

온몸에 전기라도 맞은 듯 한동안 아무 생각도 할 수 없었다. 잠시 숨을 고른 후 나는 고객이 보내준 설문지를 종일 읽고 또 읽었다.

이 정도로 자세히 우리의 행동을 지켜보고, 평가하고 있다는 사실을 미처 몰랐다. 그동안 오로지 고객 만족을 외치며 달려왔다. 말을 바꾸고, 행동을 바꾸고, 새로운 상품을 론칭하고, 매장의 인테리어를 바꾸고, 좋은 교육이 있다는 소문만 들어도 미친 사람처럼 달려가 배웠고, 배운 지식을 직원 교육에 고스란히 쏟아부었다. 하지만 우리는 여전히 부족했고 고객의 판단은 냉정했다.

"지금부터 화미주에 저는 없습니다. 화미주는 오로지 고객이 시키는 대로 경영합니다."

고객 모니터링이 끝난 후 나는 전 직원 앞에서 선포했다. 앞으로는 단 한 명의 고객이 지적한 사항이라도 흘려듣지 않겠노라 스스로 다짐도 했다. 설문지의 앞과 뒤를 빼곡히 채워준 고객의 마음에 보답하기 위해 노력을 게을리하지 않으면, 화미주는 절대 쇠퇴하지 않을 것이라는 확신도 생겼다.

고객의 불만은 즉각 개선해나갔다. 미용실 천장은 물론 샴푸실 구석 등 평소 무심히 지나쳤던 매장의 관리 항목을 개선했다. 직원들의 고객 응대에 대한 교육도 강화했다. 모든 직원은 오로지 고객의 이야기에 귀를 기울이고, 대화할 때는 반드시 눈을 마주치도록 규정화했다. 무엇보다 고객과 적극적으로 유대관계를 형성하지 못하는 직원에 대해 재교육을 했다. 직원들의 이름표 착용을 엄격하게 적용한 것도 바로 이때의 일이다. 심지어 부산 다대포에 화미주 지점이 없어 불편하다는 고객의 목소리를 가슴에 담아 두었다가 몇 년 후 화미주 다대포점을 오픈하기도 했다.

우리에게 적극적으로 의견을 보내준 고객은 요구가 그대로 반영되는 것을 확인하고 무척 만족했고, 한동안 꾸준히 증가하던 고객 불만도 눈에 띄게 감소했다. 하지만 시간이 흐를수록 고객의 눈높이는 계속 높아

간절함으로 운명을 이겨라

갔고, 그 요구에 부응하기 위해서는 좀 더 체계적이고 상시 소통하는 시스템이 필요했다. 하지만 매번 고객을 따라다니며 귀찮게 의견을 물어볼 수는 없었다. 조용히 그러나 강력하게 고객의 눈과 마음으로 점검할 수 있도록 고객의 목소리를 아예 시스템으로 만들 수는 없을까.

그래서 연중 모니터링제도를 도입하기로 했다. 이것은 모니터링 요원이 손님인 척 가장하여 미용실을 방문하여 매장들의 태도와 서비스를 점검하는 제도다. 전문 모니터링 요원이 일반 고객으로 위장하여 평가하는 시스템 도입에 직원들은 거세게 반발했다. '감시당하는 분위기에서 일할 수 없다'는 게 이유였다.

무척 난감했다. 아무리 좋은 아이디어도 직원들이 강하게 반발하고 거부한다면 제도를 도입하는 의미는 퇴색할 수밖에 없다. 직원들과 터놓고 수차례 대화를 시도했다. 모니터링제도는 직원들을 감시하고 책임을 묻기 위한 것이 아니라, 서비스를 개선해 고객 만족도를 높이기 위한 것이라는 설명을 반복하고 또 반복했다.

하지만 끝내 모두를 설득할 수는 없었다. 그렇다고 포기할 내가 아니었다. 나는 모니터링제도를 진행했다.

화미주의 모니터링제도는 크게 두 가지로 나뉜다. 직접 미용실을 찾아가 시술을 받고 평가하는 '방문 모니터링', 전화를 걸어 고객예절을 살피는 '전화 모니터링'이 그것이다.

모니터 요원은 일반 고객 중 30명 정도를 선발하는데, 1년에 3번의 기수로 나눠 활동하기 때문에 연간 총 90여 명이 활동하게 된다. 모니터 요원은 모니터링 결과를 보고서로 작성해 제출한다. 대부분 애정이 있는 고객이 요원으로 참여하기 때문에 보고서의 수준은 무척 높은 편이다. 당연히 화미주의 서비스 정책과 마케팅 활동에 큰 도움이 될 수밖에 없다.

모니터링 결과는 직원 모두에게 공개하고, 좋은 평가를 받은 직원은 포상하고 있다. 그렇다고 평가가 나쁜 직원에게 불이익을 주는 것은 아니다. 담당 직원에게 비공개로 내용을 공지하고, 함께 문제를 해결하기 위한 상담이 진행될 뿐이다.

한 명의 칭찬이 다수의 평생고객 만든다

모니터링제도를 도입한 지 벌써 20여 년이다. 말도 많고 탈도 적지 않았던 모니터링제도는 이제 탄탄히 자리를 잡았다.

연간 90명씩 20여 년 동안 활동한 모니터 요원들은 활동 기간이 끝난 후 열렬한 평생고객이 되었고, 이제는 모니터링에 참여하지 않지만 자발적으로 온라인에서 활동하며 입소문 군단이 되어 뛰어주고 있다.

직원들도 모니터링제도에 더 이상 큰 부담을 느끼지 않는 분위기다. 자신을 찾아온 사람이 설사 모니터 요원일지라도 단지 고객일 뿐이라는 생각으로 최선을 다해 응대하면 그만이라는 생각을 하게 되었다.

물론 유독 까다로운 주문을 하거나, 이름표를 뚫어져라 바라보는 고객이 나타나면 직원들은 서로 눈짓으로 '모니터 요원이 나타났다'며 신호를 보내기도 한다. 그러다 보니 오히려 모니터 요원이 정체를 들킬까

봐 긴장하고, 직원들이 이런 상황을 기획실에 전하며 "모니터 요원의 교육을 더 엄격하게 해야 할 것 같다"고 조언을 하는 재밌는 상황도 종종 연출된다.

솔직히 직원들이 모니터 요원의 정체를 알아차려도 상관없다. 오히려 까다로운 고객이 나타날 때마다 모니터 요원으로 오해해 긴장을 늦추지 않게 될 테니 고객에게 이보다 좋은 일은 없다.

고객의 소리에 귀를 기울이는 방법이 모니터링만 있는 것은 아니다. 고객정보의 데이터 분석 등의 노력으로 원하는 요구들을 체계적으로 이해하는 시스템도 갖추고 있다.

고객이 불만을 품기 전 미리 감동을 주는 서비스의 아이디어는 바로 고객에게서 찾을 수 있다.

"한 명의 불만 고객이 250명의 안티 고객을 만들고, 한 명의 고객 칭찬이 250명의 신규 고객을 만든다"는 말을 나는 절대로 잊지 않는다. 고객의 소리를 들으면 마음을 평생 붙잡을 방법을 찾을 수 있을 뿐만 아니라 성공하는 사업가에 이를 수 있다.

이름을 기억하게 하라

"고객은 누구입니까?"

비전 교육이던, 서비스 교육이던, 마케팅 교육이던 내 강의에서 빠지지 않는 질문이 바로 '당신에게 고객이란 어떤 존재인가'를 묻는 것이다.

고객이란 경제에서 창출한 상품 혹은 서비스를 구매하는 대상이다. 이것이 고객에 대한 일반적인 정의다. 하지만 나의 정의는 좀 다르다. 고객은 나의 의식주를 해결해주는 사람이다. 고객이 있어서 일할 수 있고, 고객이 있어서 돈을 번다. 내가 하는 업에서 고객이 가장 소중하고 최고의 가치를 갖는 이유다.

그래서 화미주를 한 번 찾은 고객이 두 번, 세 번, 아니 평생고객이 되기를 소망한다. 나의 모든 생각과 행동은 여기에 집중되어 있다. 화미주와 함께 한 30년 동안 고객과 관계를 어떻게 더 단단하게 만들 것인가를 고민했고, 이 과정에서 특별한 유대관계의 핵심은 소통(疏通)이라는 걸 알았다.

이름도 모르는 직원과 소통하는 고객은 없다

언젠가 화미주 본점으로 고객 불만 전화가 왔다. 그 고객은 얼마 전 파마를 했는데, 아무리 손질을 해도 자신이 원한 스타일이 나오지 않는다고 했다. 며칠 지나면 자연스럽게 스타일이 잡힐 것이라는 디자이너의 말을 믿었는데, 스타일이 제대로 나오지 않는다며 잔뜩 화가 나 있었다. 전화를 받은 직원은 담당 디자이너의 이름을 아느냐고 물었다. 담당 디자이너를 알아야 다시 시술을 해주든지, 사과하든지, 시정 조치를 할 수 있으니까 말이다.

"아니요, 그걸 내가 어떻게 알아요? 얼굴이 좀 통통하고 머리가 단발이었던 것 같기도 하고……."

이런 경우 참 난감하다. '통통한 얼굴에 단발머리인 것 같은' 디자이너가 한두 명이 아닌데, 화가 난 고객은 계속 재촉을 했다. 결국 전화를 받은 직원이 사과하고 고객의 하소연을 듣는 동안, 어렵게 담당 디자이너를 찾아 전화를 연결했다. 이후 그 고객은 화미주의 규칙에 따라 원하는 대로 리콜서비스를 받았다.

나중에 이 상황을 전해 들은 나는 고객의 불만은 당연한 것이라고 결론을 내렸다. 디자이너의 실력에 대한 얘기가 아니다. 문제는 오히려 소통의 부재였다. 그래서 디자이너와 파트너가 반드시 고객에게 자기소개를 하도록 규정하고 있다. 첫 만남에서 먼저 자기소개를 하는 것은 고객에 대한 기본 예의이며, 이름을 알려주는 것은 책임을 지겠다는 무언의 약속이기 때문이다.

상품에 브랜드를 붙이고, 농산품에 생산자 이름을 명시하는 이유를 생각해보자. 고객은 왜 더 비싼 돈을 지급하고 브랜드가 있는 상품, 생산자가 명시된 농산품을 구매하는가. 이름(브랜드)에 담겨 있는 책임의 약속을 신뢰하기 때문이다. 이것이 이름(브랜드)의 힘이다. 이름은 상품의 생산자, 서비스 제공자와 고객과의 첫 소통을 만들어내는 통로다. 디자이너의 이름도 알지 못하는 고객과 이름의 중요성을 인식하지 못하는 디자이너가 상담했으니, 막힘없이 소통했을 리가 없다.

의식주를 해결해주는 소중한 고객이 어렵게 나를 찾아왔는데, 또다시 찾아오게 하려면 당연히 이름을 기억해야 하지 않겠는가. 이름을 알려주고, 이름을 기억하도록 자신이 가진 최고의 기술을 제공해야 한다. 고객과 눈을 맞추며 심리를 이해하려고 노력하고, 최선의 서비스로 감동을 줘야 한다. 그리고 고객이 떠나는 마지막 순간도 놓치지 말고 명함한 장을 쥐여주며 다시 이름을 알려줘야 한다.

이것이 바로 소통의 과정이고, 한 번 고객을 평생고객으로 만드는 방법이다.

고객과 통하는 시간, 5분이면 충분하다

고객을 자신의 울타리로 이끌 기회는 뜻하지 않은 아주 짧은 시간에
도 찾아온다. 얼마 전 매장에 들어서다가 우연히 한 디자이너의 통화 내
용을 듣게 되었다. 원래는 카운터의 매니저가 받아야 할 전화였지만 잠
시 자리를 비운 사이 걸려온 전화를 그 디자이너가 대신 받은 듯했다.

"네, 고객님. ○○ 선생님은 오늘 휴무십니다."

고객이 찾는 디자이너가 없으니 통화가 바로 끝날 줄 알았는데, 한참
동안 통화를 이어갔다. 호기심이 발동한 나는 슬금슬금 카운터 근처로
다가가 통화 내용에 귀를 기울였다.

"네, 고객님, 방금 문의하신 스타일이 시스루뱅 스타일입니다. 우리나
라 여성들에게 잘 어울리죠. 나이요? 상관없어요, 고객님 연령과 얼굴형
을 모두 고려해서 스타일을 상담하시면……."

자신의 담당 고객도 아닌데, 고객이 궁금해하는 스타일에 대한 상담
을 꼼꼼하게 해주고 있었다. 약 5분간의 대화가 끝날 무렵, 디자이너는
간단히 자기소개를 하고, 자신이 운영하는 온라인 블로그에서 쿠폰을 사
진으로 찍어오면 할인서비스도 받을 수 있다는 말로 통화를 마무리했다.

'아하!'

순간 저절로 감탄사가 터져 나왔다. 다른 사람이었다면 아마도 담당
디자이너의 휴무를 안내하는 몇 초의 짧은 통화로 끝났을 것이다. 하지
만 그 디자이너는 고객과 관계를 맺는 기회로 만들었다. 고객은 얼굴도
모르는 채 5분 동안 통화한 디자이너의 이름을 기억했을까? 당연히 기

억하고 디자이너를 찾아왔다.

"지난번 전화로 친절하게 설명해주셔서 고마웠어요. 알려주신 블로그를 봤는데, 제가 하고 싶은 스타일이 딱 거기 있더라고요."

이 고객이 한 번이 아니라 다음에도 계속 같은 디자이너를 찾아오도록 하기 위해서는 매 순간 변함없는 노력이 필요할 것이다. 하지만 이미 고객에게 신뢰할 만한 디자이너로 기억되었고, 앞으로도 고객과 더 깊은 관계를 형성할 기회를 얻은 것만큼은 확실하다.

친한 친구끼리는 눈빛만 봐도 무슨 말을 하고 싶어 하는지 알 수 있다고 한다. 한마디로 소통이 잘되는 관계라는 말이다. 평생고객이란 친한 친구와 같다. 고객의 생각과 우리의 생각이 막힘없이 잘 통해야 한다.

이런 관계는 하루아침에 만들어지지 않는다. 한 번이 아니라 수년 동안 나를 찾던 고객도 어느 날 갑자기 발길을 끊을 수 있다. 헤어스타일을 고민할 때마다 주저하지 않고 나를 떠올리기 위해 필요한 것은 이름이다. 고객이 올 때마다 내 이름을 기억하도록 하기 위해 무엇을 하고 있는가. 아무리 많이 해도 절대로 과하지 않은 고민이다.

··········
설명하지 말고 설득해야 '통'한다

한 미용실을 10년 이상 다니는 고객이 있다. 이런 고객은 기술이 좋아서, 분위기가 좋아서, 친절해서 등등 여러 이유가 있지만, 대부분은 디자이너와 '서로 잘 통하기 때문'이라는 이유를 첫 번째로 꼽는 걸 주저하지 않는다.

여기서 '통(通)'한다는 뜻은 신뢰를 말한다. 자신의 취향을 잘 파악하고 생각을 이해한다고 느낄 때 고객은 디자이너를 신뢰한다. 그리고 이 신뢰의 첫걸음은 상담에서 시작된다.

동상이몽 고객 상담의 비밀

디자이너에게 시술 전 고객과 상담했는지 물으면 디자이너의 97%는 "당연히 고객과 상담을 했죠"라고 대답한다. 그러나 고객의 93%는 "상담이요? 안 했는데요"라고 답한다. 같은 상황을 두고 상반된 2개의 입장이 부딪힌다. 둘 중 누구의 말이 옳은 걸까.

나의 답은 "고객이 옳다"이다. 이런 생각에 대해 디자이너들은 무척 억울해하는데, 그 마음도 충분히 이해한다. 왜냐하면 디자이너들이 거짓말을 한 것은 아니기 때문이다. 중요한 것은 고객의 말대로 제대로 된 상담이 이뤄지지 않았다는 점이다. 다음의 상황을 한번 살펴보자.

"고객님, 오늘 생각하고 오신 스타일이 있으십니까?"
"파마요."
"길이는요? 짧게요? 아니면 길게요?"
"짧게요."
고객과 대화를 나눈 디자이너에게 물었다.
"고객과 상담을 하셨습니까?"
"네, 그럼요."

이 대화에서 고객은 상담을 받았다고 생각했을까? 당연히 "아니요"라고 답할 것이다. 왜냐하면 이것은 상담이 아니기 때문이다. 상담이란 문제를 해결하기 위해 서로 의논을 하는 것을 말한다. 위 상황에서 디자이너는 고객과 의논을 하지 않았다. 단지 고객의 의견을 물었고, 시술에 필요한 몇 가지 정보만 확인했을 뿐이다.

고객이 미용실에서 상담하는 이유는 디자이너의 전문적 제안을 받기 위해서다. 상담을 원하는 고객의 대부분은 자신이 원하는 스타일에 대한 분명한 그림을 갖고 있다. 따라서 디자이너는 고객이 요구한 스타일이 잘 어울리는지 먼저 판단을 하고, 어울리지 않는다면 더 나은 제안을 할 수 있어야 한다.

상담은 설명이 아니라 설득을 하는 과정이다. 예를 들어 한 고객이 사진을 내밀며 사진 속 인물과 똑같은 스타일을 요구한다고 하자.

"여기 이 연예인처럼 컬을 굵게, 최대한 굵게 해주세요."

하지만 사진의 스타일과 똑같이 해주면 한 달도 채 안 되어서 컬이 다 풀려버리고, 머리가 부스스해져서 고객이 불만을 품게 될 것이다.

"고객님, 그러면 풀린 것처럼 보일 텐데요."

"그래도 해주세요."

"네. 그럼 나중에 풀렸다고 다시 파마해 달라며 오시면 안 됩니다."

이후 디자이너의 예상대로 한 달이 채 안 되었는데 고객이 미용실을 찾았다.

"머리가 다 풀려버렸어요. 그날 영양도 했는데 너무 부스스하잖아요?"

고객은 머리가 잘못 시술되었다고 생각해 디자이너를 몰아붙인다. 그러자 화가 난 디자이너가 되받아친다.

"고객님, 제가 그날 말씀드렸잖아요. 금방 풀린다고, 그래서 다시 해달라고 하시면 안 된다고 경고도 했잖아요."

상황만 놓고 보면 디자이너의 얘기를 흘려들은 고객의 잘못이 커 보인다. 하지만 나는 디자이너의 실책이라고 판단한다. 왜냐하면 이 같은 고객 불만이 발생한 이유는 상담이 제대로 이뤄지지 않았기 때문이다. 고객이 충분히 이해하고 어떤 상황이 올지 예상하고, 그 결과를 받아들일 수 있을 때까지 상담해야 진정한 상담이라고 할 수 있다.

상담의 목적은 고객 불만을 낮추는 것

디자이너가 고객과 상담을 하기 위해서는 먼저 고객에 대한 다양한 정보를 인지하고 있어야 한다. 같은 스타일을 요구해도 고객이 주부인 경우와 직장인인 경우 디테일한 스타일에 차이를 둬야 한다. 직장인도 어떤 직종에 근무하는지, 또 직급은 어떤지에 따라서 상담이 달라진다.

예를 들어 패션회사의 디자이너, 광고회사의 카피라이터, 프로덕션의 PD라면 최신 트렌드를 반영한 변화를 제안해볼 수도 있다. 그러나 초등학교 교사, 기업 임원의 비서, 은행원 등의 직업을 갖고 있다면 같은 스타일이라도 좀 더 보수적이고 단정한 스타일링이 필요하다.

고객의 외모 역시 상담의 중요한 포인트이다.

"굵고 긴 웨이브 파마를 해주세요."

얼굴형이 동그란 여성이 스타일을 주문한다. 그런데 굵고 긴 웨이브 파마는 주로 얼굴형이 길고 갸름한 여성에게 잘 어울린다. 이런 경우 고객이 원하는 대로 무조건 따라주는 것은 상담이 아니다. "고객님처럼 얼굴형이 동그랗고 귀여운 분에게는 굵고 긴 웨이브 파마보다 머리에 층을 준 레이어드 스타일에 파마하시는 게 훨씬 더 잘 어울리세요"라며 전문가로서 제안할 수 있어야 한다.

고객이 입고 있는 의상도 상담에 필요한 정보가 될 수 있다. 보수적인 옷차림인지, 유행에 민감한 패션 스타일을 즐기는지 취향을 파악한다면 도움이 되는 스타일을 제안할 수 있다. 주말에 주로 어떤 활동을 하는지도 자연스러운 대화 속에서 이끌어내야 한다. 야외활동, 운동을 많이 즐기는 사람들은 머리를 자주 묶기 때문에 이를 감안한 스타일을 제안해 줄 수 있다. 고객의 현재가 아닌, 미래의 상황까지 예측해서 스타일을 제안하고, 불만 요소를 제거하는 것이 상담의 목적이다.

코칭하는 디자이너를 신뢰하는 이유

상담은 고객의 문제를 해결하기 위한 최적의 솔루션을 찾는 과정이며, 여기서 디자이너에 대한 신뢰도를 결정한다.

상담의 첫 스텝은 먼저 고객의 속마음에 집중해야 한다. 그래야만 솔루션, 즉 해결방법을 찾을 수 있기 때문이다. 따라서 디자이너는 고객이 가져온 사진(혹은 미용실용 스타일 북)을 함께 보며 왜 그 사진을 가져왔는지 진짜 의도를 파악해야 한다.

먼저, 고객이 보는 앞에서 직접 사진 속 디자인을 함께 분석한다. 대부분 고객은 자신이 가져온 사진의 완벽한 카피를 원하지 않는다. 고객은 그 스타일이 자신에게 어울릴 방법을 찾고 싶어 한다. 그래서 디자이너는 고객이 원하는 헤어스타일을 바탕으로 얼굴형, 연령, 직업 등을 고려해 가장 어울리는 디자인을 제안할 수 있어야 한다. 이 단계에서 디자이너에 대한 신뢰도가 40% 이상 형성된다.

두 번째, 사진 속 스타일을 고객의 이미지에 맞게 시술을 하는 과정에도 상담은 계속 진행되어야 한다. 사진으로는 볼 수 없었던 부분을 자신의 디자인력으로 고객에게 제안하면 신뢰도는 한층 높아진다.

세 번째, 시술이 끝난 후 고객과 함께 사진의 스타일링 포인트를 다시 확인하고, 똑같은 스타일링을 재연한다. 한마디로 최적의 손질 노하우를 알려주는 것이다. 이때 적절한 스타일링 제품이 필요한 만큼 이에 대한 정보를 제공하면, 제품 판매로 연결할 수 있다. 새로운 정보를 획득한 고객은 디자이너에 대한 신뢰도를 더 높이게 된다.

최종 스타일링은 고객이 그날 입고 온 의상과 최대한 어울릴 수 있도록 진행해야 한다. 아무리 스타일링이 잘되었어도, 의상과 너무 동떨어진 스타일링을 해주면 완성 후 만족도에 영향을 받을 수밖에 없다.

마지막으로, 다음 머리 손질을 위해 방문해야 할 날짜를 고객에게 공지하는 것으로 상담은 마무리된다. 상담에서 고객의 신뢰를 얻기 위해서는 설명보다 설득이 중요하다. 설명은 말 그대로 아는 지식을 상대방이 이해하기 편하게 얘기하는 것이다. 스타일의 종류와 특징, 고객의 머릿결과 두피 상태 등에 대한 설명을 쭉 늘어놓아도 고객은 감동하거나 신뢰하지 않는다.

그러나 설득은 다르다. 고객이 왜 그 스타일을 해야 하고, 왜 두피관리를 해야 하는지 이해시키고, 공감을 유도하는 것이 설득이다. 한마디로 디자이너의 제안을 받아들일 수밖에 없는 명분을 주는 것이다.

디자이너가 최고의 코칭을 해줄 때 고객은 '잘 통하는' 디자이너를 만났다고 생각한다. 잘 통하는 디자이너와 평생고객의 관계 중심에는 결국 신뢰가 있다.

고객의 지갑을 여는 골든타임, 4초

어느 날 아침, 한 고객이 헤어스타일을 바꾸기로 했다.

'오늘 파마도 하고 클리닉도 받아야겠다. 어느 미용실에 갈까?'

이때 1초의 망설임도 없이 떠올리는 이름이 화미주가 되어야 한다는 게 나의 변함없는 목표다. 하지만 설사 많은 미용실 중에서도 화미주를 가장 먼저 떠올렸다고 해도 실제로 찾아줄 확률은 50% 정도다. 하물며 화미주의 많은 디자이너 중 고객이 디자이너 A의 자리에 앉을 확률은 2~3%에 불과하다. 그리고 시술 이후 다시 디자이너 A를 찾아와줄 확률은 솔직히 아무도 모른다.

한 번 고객을 평생 내 고객으로 만들려면 고객의 머릿속에 강렬한 이름으로 기억되어야 한다. 미용실 문을 열고 들어온 순간부터 고객의 만족감을 최대한 끌어올려서 문을 나설 때쯤에는 미용실 이름과 디자이너 ○○○의 이름이 저절로 머릿속에 새겨져야 한다.

미용실에서 고객이 경험하는 감성과 평가는 단지 시술하는 시간에만 이뤄지지 않는다. 고객이 문을 열고 만나게 되는 카운터에서부터 시술 과정, 그리고 마무리까지 물 흐르듯 이어지는 단계마다 고객의 감성 만족도를 높이기 위한 기본 원칙, 나는 이것을 '6단계 고객 감성 포인트'라고 부른다.

고객 감성 사로잡는 6단계 포인트

첫 번째 고객 감성은 안내데스크(리셉션)에서 형성된다. 미용실이 고객과 처음 만나는 장소가 바로 안내데스크다. 놀랍게도 이곳에서 보내는 단 3~5초가 미용실의 운명을 좌우한다. 문을 열고 들어서자마자 마주친 카운터 담당 직원의 표정과 목소리, 실내 분위기, 직원들의 움직임 등을 파악하는 데 걸리는 시간은 단 3~5초, 고객의 머릿속에는 이미 미용실에 대한 인상이 자리 잡는다.

이 단계에서 강렬한 첫인상을 남기기 위해 필요한 자세는 집중이다. 고객은 언제 어디에서나 집중받기를 원한다. 고객이 미용실에 들어왔는데 카운터 앞에서 멀뚱히 서서 기다리게 해서는 안 된다. 다정한 인사말과 미소 가득한 표정 하나로도 고객의 감성 만족도는 크게 올라간다.

두 번째 고객 감성은 상담과정에서 이뤄진다. 흔히 고객 상담은 '고객이 좌석에 앉으면' 시작된다고 생각한다. 그러나 이는 틀렸다. 상담은 고객이 가운을 입는 순간부터 시작된다. 고객의 가운을 반드시 디자이너가 입혀드려야 하는 이유다.

고객의 처지에서 생각해보면 쉽게 이해가 된다. 카운터 앞에서 매니저가 가운을 입혀주면서 '오늘 생각하신 스타일'을 묻는다. 고객은 기분 좋게 답을 해준다. 곧이어 파트너가 나타나 자리로 안내하며 또 '어떤 스타일을 원하시냐'고 묻는다. 고객은 또 대답한다. 자리에 앉으면 비로소 디자이너가 나타나서 같은 질문을 한다. 같은 대답을 세 번째 반복하며 기분이 좋은 사람은 없다.

간혹 디자이너가 바빠서 파트너가 오랫동안 고객을 응대하는 경우가 있다. 대화의 소재는 당연히 헤어스타일에 대한 것이다. 한참 만에 나타난 디자이너가 파트너에게 전해 들은 내용을 바탕으로 간단히 확인만 한 후 바로 시술에 들어간다. 이때 고객은 어떤 생각을 할까.

'다른 미용실에서는 디자이너가 처음부터 다 챙겨주는데……. 내가 파트너한테 머리 하러 왔나?'

본격적으로 시술하기도 전에 고객의 감성 만족도는 이미 기대 아래로 떨어지게 된다.

세 번째 고객 감성은 머리를 하는 과정에서 형성된다. 시술과정은 미용실에서 고객이 가장 큰 불편함을 느끼는 시간이다. 머리를 잔뜩 도구로 말아놓거나 집게로 집어놓았으니 편할 리 없고, 계속 같은 자세로 앉아 있으려니 허리도 아프다. 약품에 민감한 고객은 눈과 코에 불편함을 호소하기도 한다. 한마디로 짜증 지수가 올라갈 수밖에 없는 상황이 지속된다. 하지만 위기는 곧 기회라는 말을 기억하는가. 고객이 가장 힘들 때 오히려 감동을 줄 기회로 삼을 수 있다.

고객은 지속적인 관심을 받기 원한다. 가장 쉽게 관심을 표현하는 방법은 바로 대화하기다. 시술하는 동안 불편한 곳은 없는지, 원하는 것이 있는지 확인해야 한다. 또한 어떤 파마약이나 염색약을 사용했는지, 어떤 스타일로 머리를 손질하고 있는지 등 단계마다 친절히 설명하고, 고객의 머릿결과 두피 상태에 대한 전문적인 조언도 해줘야 한다.

이 과정을 통해 고객은 자연스럽게 시술과정을 이해하게 되고, 무엇보다 관심과 배려를 받고 있음을 느끼게 된다. 고객이 시술을 불편한 시간으로 기억하지 않도록 하는 것이다.

네 번째 고객 감성이 형성되는 곳은 샴푸실이다. 잔뜩 조였던 머리를 풀었으니 시원하고, 적당한 온도의 물과 향이 좋은 샴푸와 컨디셔너로 머리를 감으니 기분이 좋아진다. 게다가 두피 지압과 목 마사지 서비스까지 받고 나면 스트레스가 다 날아가는 듯 홀가분함을 느낀다.

바로 이 순간을 놓치지 말고 고객의 감성 만족도를 높여야 한다. 시술의 불편함에 공감해주고, 혹시 서운한 부분은 없는지 묻고, 핸드마사지 등 서비스를 아끼지 말자. 이 시간은 오로지 고객이 편안하게 쉬는 기분을 만끽할 수 있도록 배려해야 한다.

다섯 번째 고객 감성은 제품 판매과정에서 끌어올려야 한다. 화미주는 자체 브랜드의 헤어제품을 판매한다. 이를 점판이라고 부르는데, 대부분의 미용실이 화미주처럼 자체 브랜드는 아니어도 전문가용 혹은 전문 브랜드의 제품을 판매하고 있다.

미용실에서 헤어제품을 판매하는 이유는 매출을 확대하기 위해서다. 당연히 많이 팔면 좋다. 그러나 고객이 제품 구매를 강요당했다는 느낌을 받아서는 절대로 안 된다. 고객이 백화점이나 마트가 아니라 굳이 미용실에서 헤어제품을 구매하는 이유는 디자이너(전문가)가 사용하는 질 좋은 제품이라는 믿음이 가장 큰 영향을 미친다. 고객과 상담과정에서 그 믿음에 부응하는 정보를 제공하는 것은 기본이요, 눈으로 봤을 때 구매하고 싶은 욕구를 불러일으킬 수 있도록 제품을 배치하는 센스가 필요하다.

가장 인기 있는 제품을 잘 보이는 곳에 놓고, 직접 샘플을 테스트할 수 있는 서비스 존을 마련하는 것도 하나의 방법이다. 제품을 보는 동안 마치 전문 숍에서 쇼핑을 하는 듯한 기분을 느끼도록 해주는 것도 좋다.

여섯 번째 모든 시술이 끝나고 고객이 자리를 떠나 카운터에서 계산하는 짧은 시간도 고객 감성에 집중해야 할 시간이다. 이때 좋지 않은 매너를 보여서, 다 된 밥에 재 뿌리는 격으로 고객이 마음을 돌리는 상황을 만들어서는 안 된다.

화미주의 고객조사에 따르면, 고객의 51%가 시술이 끝난 후 '빨리 나가라'는 느낌을 받는다고 한다. 또 59%의 고객은 시술 중이라고 생각했는데, '다 되었으니 일어나라'는 신호를 받은 적이 있다고 답했다. 물론 이러한 상황은 디자이너가 의도한 것은 아니다. 그러나 마지막에 긴장을 놓는 순간 고객에게 엉뚱한 메시지를 전달할 수 있다.

　디자이너는 언제 마무리가 될 지 고객에게 시간을 알려주고, 머리를 매만진 후 스타일에 대한 설명과 평소 손질할 방법을 알려드려야 한다. 고객이 계산을 마친 후에는 스타일 손질을 위해 방문해야 할 날짜를 알려드리거나 날짜를 적은 명함을 드리며 정중히 인사한다. 고객이 미용실 문을 열고 나갈 때까지 고객에게 집중해야만 한다. 고객이 재방문을 결정하는 건 가장 마지막 순간이라는 점을 기억하자.

제품을 팔지 말고 정보를 팔아라

　미용실 안에 헤어 관련 제품을 배치하는 이유는 팔기 위해서다. '팔아도 그만, 안 팔아도 그만'이라는 마음이라면 굳이 자리를 내어 제품을 전시해 놓을 이유가 없다. 진열대 위에 올려놓은 제품은 팔면 '돈'이 되고, 팔지 못하면 그냥 '돌'이다.

　그런데 디자이너가 제품을 판매하는 일이 생각만큼 쉽지는 않다. '나는 디자이너인데……'라는 자존심에 아예 관심을 두지 않는 경우도 있고, 진심으로 고객에게 좋은 제품을 권했는데, 고객이 '뭐야, 나한테 제품 팔려고 하나?'라는 표정을 지으면, 놀라서 두 번 다시 시도할 용기를 내지 못할 수도 있다.

디자이너는 전문 판매원이 아니다. 판매 노하우를 배운 적이 없으니 당연히 점판이 어려울 수밖에 없다. 하지만 바꿔 생각해보면 디자이너이기 때문에 판매에 더 유리한 강점도 있다.

고객이 백화점이나 마트가 아닌 미용실에서 제품을 사는 이유를 생각해보자. 미용실에서 판매하는 제품은 자체 브랜드이거나 일반 브랜드라도 전문가용 제품이 대부분이다. 때문에 브랜드 파워에서는 일반 소비자용 제품을 따라갈 수가 없다. 대신 전문가들이 실제로 사용하는 제품이라는 이미지를 갖고 있다. 이 이미지를 신뢰로 바꾸면 고객의 마음을 열 수 있다. 이 과정에서 기억해야 할 중요한 원칙이 바로 '제품이 아닌 정보를 팔라'이다.

아마추어는 강요하고 프로는 제안한다

미국 워너메이커 백화점의 창업주 존 워너메이커((John Wanamaker)는 세일즈의 귀재로 불린다. 그의 세일즈 원칙은 '고객에게 제안하라'는 것이다. 그가 뉴욕에 있는 자신의 백화점에 들렀을 때의 일화다.

존 워너메이커는 점원에게 양피 장갑 한 켤레를 주문했다. 그가 창업주인 줄 몰랐던 점원은 아무 말 없이 양피 장갑 한 켤레를 무심히 꺼내주었다.

장갑을 받아든 존 워너메이커는 잠시 점원을 바라보더니, "손님에 대한 태도를 개선한다면 좀 더 팔 수도 있었을 것"이라고 부드럽게 충고를 했다. 그러자 기분이 상한 점원은 "직접 시범을 보여달라"고 대꾸했고,

그는 기다렸다는 듯이 시범을 보여주겠다고 했다.

그때 마침 매장으로 중년의 부인이 들어왔다. '세탁이 잘되는 하얀 장갑'을 요구하는 고객에게 존 워너메이커는 하얀 장갑을 여러 켤레 늘어놓고 각 제품의 장단점을 설명했다. 고객은 여러 장갑 중 그가 '변색이 적고 줄지 않는다'며 권한 제품을 선택했다.

그러자 존 워너메이커는 재빨리 "구입한 장갑을 세탁하는 동안 사용할 다른 장갑이 필요하지 않으세요?"라고 물었다. 고객은 미처 생각지 못한 부분을 챙겨준 그에게 고마운 듯 미소를 지으며 장갑을 하나 더 샀다.

그는 이번에는 흰 장갑이 아닌 다양한 색깔의 장갑을 진열대 위에 펼쳐 놓았다. 그러더니 "때가 잘 타는 흰 장갑보다 세탁에 용이하고, 교회 등 점잖은 자리에 착용하기 좋아서 올해 특히 유행하는 컬러"라며 잿빛 장갑을 권했다. 고객은 두 눈을 반짝이더니 망설임 없이 잿빛 장갑도 선택했다.

1개의 흰 장갑을 사려는 고객에게 3개의 장갑을 판 워너메이커의 노하우는 바로 고객에게 필요한 정보를 제공한 것이다. 처음에는 고객이 요구한 제품에 대한 정보를, 그다음에는 고객이 미처 생각하지 못한 정보를 제공하며 새로운 제안을 했고, 고객은 기꺼이 지갑을 열었다. 존 워너메이커는 단 한순간도 강요하지 않았고 선택은 오로지 고객의 몫이었다.

간절함으로 운명을 이겨라

선택은 고객의 몫, 기꺼이 조언자가 되어라

미용실 점판도 이와 다르지 않다. 고객의 시술이 끝나면 디자이너는 스타일링을 해주며 고객의 머릿결과 두피 상태 등에 대해 정보와 가이드를 줘야 한다. 이때 고객은 머리 손질을 위한 제품에 대한 정보가 필요하다. 점판을 할 기회가 온 것이다.

먼저 고객의 스타일에 따라 왁스, 젤, 오일, 에센스 등의 사용법을 알려준다. 자신의 눈앞에서 디자이너가 제품을 사용하고, 스타일이 달라지는 것을 보면 고객은 자연스럽게 제품의 필요성을 인지하게 된다.

여성 고객의 경우 신제품을 알게 되면 "어머, 그런 제품도 있어요?"라며 궁금한 점을 더 묻기도 하고, 남성 고객의 경우 "그런 거 없는데요?"라고 난감해하기도 한다.

고객이 제품에 대한 질문을 할 때는 고객의 머릿결과 스타일에 맞춰서 필요한 정보를 적극적으로 제공하되 '우리에게 좋은 제품이 있는데……'라며 바로 들이대서는 안 된다. '제품이 없다'는 남성 고객에게는 "집에 사모님께서 쓰시는 왁스나 젤이 있을 거예요. 500원 동전 크기만큼만 덜어서 조물조물 머리에 발라주세요. 아침에 바르고 출근하면, 오후 4시쯤에 한 번 물을 살짝 묻혀서 만져주세요. 그럼 저녁 10시까지도 스타일을 지금 이대로 유지하실 수 있습니다"라고 정보를 준다.

이때 고객이 "우리 마누라는 그런 거 안 쓰는 것 같던데?"라고 하거나 "집에 없어요"라고 하면, 그때 "백화점 ○○○ 명품 코너에 가시면 ○○ 등의 브랜드를 판매합니다. 저희 미용실에도 전문가들이 쓰는 제품이 있기는 있는데……"라며 또다시 새로운 정보를 제공한다.

간혹 "그거 로드숍이나 마트에 가면 싼 거 많아요. 하나 사서 쓰세요"라고 말하는 경우가 있는데, 이는 절대로 해서는 안 되는 말이다. 결국 '우리 미용실 제품은 로드숍에서 파는 제품과 같은 수준'이라는 말로 귀결되기 때문이다.

고객은 디자이너로부터 어떤 제품을 사용해야 하고, 어떤 브랜드가 좋은지에 대해서도 정보를 듣고 나면 전문가가 사용하는 제품에도 관심을 가질 수밖에 없다. 이 단계에 이르면 고객이 먼저 "전문가용 제품이요? 그건 어떤 건데요? 한번 볼 수 있어요?"라고 묻게 된다.

"네, 그럼요. 몇 가지 보여 드릴게요."

디자이너가 먼저 "한번 보세요" 하는 것과 고객이 먼저 "한번 보여주세요"라고 하는 것은 매우 큰 차이가 있다. 전자는 자칫 고객이 강요로 받아들일 수 있지만, 후자는 다르다. 고객이 원해서 디자이너가 (선택을 위한) 제안을 제공하는 것이기 때문이다.

고객에게 제품을 보여드릴 때는 먼저 각 제품의 특장점을 자세히 설명해줘야 한다. 물론 고객의 머릿결과 스타일에 필요한 정보를 중심으로 제공하여 고객이 스스로 판단할 기회를 충분히 제공해야 한다.

고객 앞에 제품을 쭉 늘어놓고, 이건 얼마, 저건 얼마라는 식으로 가격을 일러주며 바로 판매 분위기로 들어가지 않도록 주의해야 한다.

미용실에서 판매하는 제품은 대부분 일반 마트 등에서 살 수 있는 제품보다 가격이 높은 편이다. 그런데 가격부터 말해주고, '어서 골라라'

라는 분위기를 만들면, 가격에 대한 부담을 더욱 크게 느끼게 된다. 게다가 차마 '돈이 없어서 못 산다'는 말을 못해 어쩔 수 없이 구매할 경우 강매를 당한 기억으로 남게 된다. 이후 그 고객이 다시 미용실을 방문할까. 천만의 말씀이다. 그 고객은 미용실을 떠나는 순간, 이미 다른 미용실을 머릿속에 떠올리고 있을 것이다.

마케팅과 영업의 기본은 고객의 마음을 읽는 것이다. 고객의 마음을 읽기 위해서는 고객과 소통의 길을 열어야 한다. 상담하고 시술을 하는 과정에서 고객에 대한 충분한 이해가 먼저 수반되어야 하고, 고객에게 줄 수 있는 가치가 무엇인지 생각해야 한다.

고객 앞에서 판매에만 집중하는 영업사원이 되어선 안 된다. 고객에게 필요한 건 영업사원이 아니다. 고객을 돕는 친구 또는 조언자가 되기 위한 노력이 고객의 마음을 얻는다.

속마음을 털어놓는 장(場), 이메일 소통

    한 조직이 성과를 내기 위해서는 구성원 모두가 목표 달성의 과정에 자발적으로 참여해야 한다. 내부 조직이 탄탄할수록, 구성원이 목표에 깊게 공감할수록 성과의 크기가 달라진다. 이를 위해 필요한 능력이 바로 리더십(leadership)이다.

    작은 규모의 점포를 운영하는 사람들은 "직원 1명 두고 일하는 데 무슨 리더십?"이라고 말할 수도 있겠으나 파트너 1명과 일하는 미용실도, 800명이 일하는 화미주도 함께 일을 하는 한 똑같이 리더십이 필요하다. 어디 원장뿐인가. 후배와 선배와 동료와 함께 일할 때 역시 협력의 시너지를 이끌어 내기 위해서는 리더십이 필요하다.

리더십이 성공적으로 역량을 발휘하려면 무엇보다 소통이 되어야 한다. 서로 말도 통하지 않는 조직에서 리더십이라는 용어 자체가 존립할 수 없다.

사장님은 안 되고 아저씨는 된다

"힘들거나 하고 싶은 말이 있으면 언제라도 메일 주세요. 그때 호칭은 '사장님'이 아니라 '아저씨'입니다. '사장님'이라고 하고 메일 보내시면 답장 안 갑니다."

대표가 된 후 오리엔테이션을 하거나, 함께 식사할 기회가 있으면 나는 직원들에게 직접 명함을 나눠주며 이메일을 보내달라고 했다. 마치 영업사원이 고객 홍보를 하는 것처럼 친절한 미소까지 곁들였다. 그래도 사장인데 당연히 어려워할 직원들의 부담을 덜어주고 싶었기 때문이다.

처음에는 한두 명 간부급 직원들이 예의상 보내주기 시작한 이메일은 어느새 전 직원이 편하게 속마음을 털어놓는 '장(場)'이 되었고, 나의 업무는 말 그대로 폭증했다. 고객과 문제, 원장과 마찰, 동료와 싸움 등 어려움을 호소하는 글부터 자신이 잘한 일을 알려주며 칭찬해달라는 요구(?)와 누가 자신을 너무 괴롭힌다는 고발성 글도 들어온다. 때론 돈을 빌려달라는 글도 있다.

타자를 치는 방법을 몰라 독수리 타법으로 자음과 모음을 맞춰가며 한 글자씩 완성해 답장을 쓰고 나면 녹초가 될 때도 잦다. 그러나 나에게는 개개인과 직접 소통할 이 기회가 무척 소중하다.

아저씨, 오늘 하루 어떻게 보내셨나요? 저는 요즘 들어 머리가 너무 많이 아픕니다.

그거 혹시 아세요?

전 부원장이 되기 전까지는 휴무에도 고객이 간절히 원하면 종종 일하러 나갔어요. 그런데 부원장이 되고 나서는 휴무에 한 번도 일한 적이 없어요.

단지 제 고객에게 잘하고 싶고 또 목표가 있어서 그랬던 건데, 주변에서는 독하다, 돈독 올랐다……, 별 얘기가 다 들려요. 그래서 이제는 이런 소리 듣기 싫어서 휴무에 안 나가요. 솔직히 하루 더 나간다고 얼마나 더 벌겠어요? 매장에서 일하다 보면 따가운 시선이 느껴지고…….

제가 다 관리를 너무 못해서 그런 거겠죠? 일하는 게 정말 재미없어요. 아저씨, 나 어떡해요!

열심히 일하는 친구가 이런 고민을 털어놓을 때면 정말 가슴이 아프다. 일하다 보면 관계 때문에 좌절하고 꿈을 포기하는 사람이 많다는 걸 나 역시 경험으로 알고 있다. 이럴 때 리더가 할 일은 눈앞의 어려움에 깊게 매몰되지 않도록 손을 잡아주어야 한다.

안녕! 우리 예쁜 부원장님이구나. 우리가 함께 일한 지도 6년이라는 세월이 흘렀는데, 정말 미안해요. 부원장님 힘든 마음 읽지도 못하고 이렇게 속상하게 해서…….

아저씨가 주변에서 듣던 얘기를 부원장님도 듣고 있군요. 앞으로 부원장님도 최소한 아저씨만큼 돈 벌 수 있겠는데? '저 사람 독하다', '돈 독 올랐다'는 이야기들을 듣지 않나, 휴일에 문을 연다고 다른 미용실에서 고발이 들어오지 않나, 정말 남들의 시기와 질투 없이는 성공할 수 없나 봅니다.

피할 수 없으면 즐기라고 했지요. 부원장님도 다른 사람을 미워하기보다 그런 말들을 이해하고 즐길 수 있는 사람이 되었으면 좋겠습니다. 디자이너와 파트너들 스트레스 많이 받잖아요. 그렇게 뒷말하면서 풀지 않으면 어디서 풀겠습니까?….

아저씨가 우리 부원장님의 든든한 빽이 되겠습니다. 힘들 때 아저씨한테 메일 보내주시고 많이 의논했으면 좋겠습니다.

이렇게 답장을 보낸 이메일 한 통의 효과는 기대보다 크다. 내 답장을 받은 친구들과 우연히 마주치게 되면 벌써 달라진 표정이 보인다. 누군가 자신의 어려움을 함께 공감해주고 있다는 사실만으로도 든든한 자신감이 생기기 때문이다. 게다가 자신이 문제를 제기한 현장의 상황들이 바로바로 시정되는 모습을 보면 사람들은 진정 소통의 쾌감을 느끼게 된다.

경영자와 직원은 반드시 연결되어야 한다

처음 이메일 소통을 결심한 이유는 화미주인 개개인과 연결되고 싶은 마음 때문이었다. 미용실 총무로 입사해 대표가 되기까지 나는 불도저 같은 사장이었다. 오로지 고객만 생각했고, 조직을 밀고 끌며 혁신을 이뤘다. 그 에너지 덕분에 조직은 승승장구 성장했지만, 조직이 커지고 직원들이 많아질수록 나와 직원들 사이에는 그만큼 거리가 생겼다.

같이 싸우고, 화내고, 맥주 한 잔을 기울이며 오해를 풀고 지낼 때와 달리 직원들의 마음이 잘 보이지 않았다. 함께 일하는 파트너들의 마음을 읽지 못하고, 그 뒤를 따르는 직원들의 생각을 알지 못하면 조직을 이끌어나가는 데 필요한 에너지를 차단하는 것과 같다는 생각에서 선택한 이메일 소통은 화미주에 꼭 필요한 경영적 판단이었다.

'아저씨 이메일'은 직급도 입사 연차도 상관없이 누구나 이용할 수 있다. 직원들은 사장과 자유롭게 대화를 나눌 기회를 공평하게 제공하는 조직의 분위기를 많이 좋아한다. 자신의 일터에 대한 애정, 그리고 화미주의 일원이라는 자긍심은 고스란히 기업 성장의 에너지로 발화되고 있다.

나 역시도 직원관리에 큰 도움을 받고 있다. 직원 개개인의 역량을 살필 수 있고, 유능한 직원의 갈등을 헤아려 미리 상담을 진행하기도 한다. 여러 지점의 현장 상황을 직원들의 눈높이에서 볼 수 있고, 새로운 경영 아이디어를 얻기도 한다.

물론 이메일을 통해 알게 된 개인과 각 지점의 상황들은 절대로 내 입

밖으로 새어나가지 않는다. 내 특유의 '둘러 말하기' 화법과 능청스러운 연기 덕분에 대다수 직원들은 누가 이메일 제보자인지 찾을 생각도 하지 못한다. 스스로 지키고 있는 이 원칙 때문에 직원들은 계속 '아저씨'에게 이메일과 문자를 보낼 수 있다.

이메일로 직원들과 이야기를 나누던 방식은 최근 들어 대부분 문자로 대체되고 있다. 문자 소통은 이메일보다 수시로 확인이 가능하고, 더 빨리 소통할 수 있는 장점이 있다.

요즘은 교육 자료를 미리 문자를 통해 보내주는데, 직원들은 교육 내용에 대한 느낌을 장문의 문자로 내게 보내준다. 나 역시 그 문자에 일일이 답을 하느라 손에서 스마트폰을 내려놓을 틈이 없지만, 바쁜 시간 틈을 내어 아저씨에게 열심히 말을 걸고, 답을 주는 직원들이 언제나 고맙다.

내부고객, 스킨십 경영으로 읽어라

고객의 마음을 읽는 것이 중요한 만큼 내부고객, 즉 직원의 마음을 읽는 것 또한 무척 중요하다. 건강한 조직, 한마디로 되는 조직은 경영자와 직원들의 관계가 좋다. 직원들의 의견이 솔직하게 소통되는 조직은 피가 잘 흐르는 혈관처럼 조직에 생기를 불어넣는다. 당연히 고객 만족이라는 현실적인 성과로 이어질 수밖에 없다.

이메일과 문자 소통은 기본이요, 나는 다양한 방법으로 직원들과 스킨십을 즐긴다. 오해하지 말라. 내가 말하는 스킨십이란 되도록 만남의 기회를 만들고, 만날 땐 악수와 함께 웃는 얼굴로 눈을 마주치고, 직원들이 대화를 요구할 때는 반드시 시간을 내는 것을 말한다.

칭찬은 고래를 춤추게 한다

오래전의 일이다. 나는 본점 외의 다른 지점을 방문할 때마다 마주치는 직원들과 가벼운 포옹의 인사를 한다. 본점 직원들은 자주 만나는 사이인지라 손 한 번 들고 눈을 마주치는 인사로도 충분하지만, 다른 지점의 직원들은 솔직히 1년에 몇 번 얼굴을 보는 게 전부인지라 되도록 적극적으로 친밀함을 표현하고자 노력한다.

이상하게도 유독 한 지점에서는 포옹보다는 바로 야단을 치는 일이 자주 발생했다. 특별한 이유로 그랬던 것은 아닌데, 한두 번도 아니고 여러 차례 반복되었다. 그러던 어느 날, 전 지점의 모니터를 받아보고 놀라운 사실을 발견했다. 내가 계속 야단만 쳤던 그 지점의 만족도가 전 지점 가운데 최하위를 기록하고 있었다. 입지도 나쁘지 않은 곳에 있는 지점인데, 이유를 알 수가 없었다.

온종일 곰곰이 생각한 끝에 내린 결론은 '내 잘못'이었다. 만날 때마다 사장에게 꾸중을 듣는 직원들이 과연 일터에서 얼마나 재미있고, 신나게 일을 하겠는가. 사장에 대한 신뢰가 없으니 애사심도 없고, 동기부여도 되지 않는다. 당연히 일의 능률이 떨어지고 만족도에 큰 영향을 끼치게 된다.

얼마 후 다시 그 지점을 방문하게 되었을 때 이전과 달리 환하게 웃고 마주치는 직원 한 명 한 명을 힘껏 안아주었다. 항상 야단만 치던 사장의 변화에 어리둥절한 듯 직원들은 어색함을 감추지 못했다. 하지만 농담과 칭찬이 오가고 툭툭 어깨를 두드리며 격려해주자 얼마 안 가 미용실

안이 따뜻한 온기로 가득해졌다.

그렇게 몇 번의 방문이 이어진 후, 믿기 힘든 상황이 일어났다. 만족도 꼴찌를 기록하던 그 지점의 만족도가 쭉 올라갔다. 온몸에 소름이 돋는 한편 기분은 하늘을 날아갈 듯 좋았다.

화미주 800명의 개인사도 나는 되도록 직접 챙기려고 노력한다. 한번은 아끼는 디자이너가 수술을 한 적이 있다. 며칠 입원하면 되는 간단한 수술이었지만 꼭 병문안하겠다고 결심했었다. 그런데 스케줄이 꼬여서 시기를 놓쳤고, 디자이너는 퇴원을 해버렸다. 오해도 오해지만 내 마음이 편하지 않았다.

결국 아내와 함께 꽃다발과 용돈을 조금 넣은 봉투를 가지고 집으로 찾아갔다. 그런데 하필 디자이너가 아들의 유치원 행사에 참석하느라 집을 비운 상태였다. 전화기 너머로 미안해 어쩔 줄을 모르는 디자이너에게 "괜찮아, 다음에 보면 되지"라며 서둘러 전화를 끊었다.

"어떡하지?"

아내와 나는 서로의 얼굴을 바라보다 피식 웃었다.

"뭘 어떡해요. 오랜만에 데이트나 하며 시간 좀 보냅시다."

우리는 디자이너가 집에 올 때까지 기다리기로 했다. 근처 태종대에서 산책하며 한가롭게 보내는 시간이 꽤 재미있었다. 그렇게 몇 시간이 지난 후 아내와 나는 아들과 집으로 돌아오는 디자이너를 만났다.

"그냥 가신다고 하셨잖아요, 죄송해서 어떡해요?"

우리를 본 디자이너는 당황하며 말했다. 우리 부부는 빙그레 웃으며 대답했다.

"아니야, 덕분에 데이트도 하고 좋았어요, 어서 빨리 나아서 미용실에서 만나요."

아직 회복되지 않아 힘든 기색이 역력한 디자이너의 두 손을 꼭 잡아 주고 돌아오며, 역시 기다렸다가 만나기를 잘했다는 생각을 했다.

위로와 격려는 전화로, 이메일로, 문자로도 할 수 있지만 진심을 전하고자 할 때, 직접 눈을 마주하고 손을 잡고 대화하는 것보다 좋은 방법은 없다.

직원의 면담 요청, 언제라도 OK!

매일 아침 7시부터 저녁 9시 20분까지 나의 하루 스케줄은 빼곡하게 차 있다. 하루의 1~2분도 허투루 보내기 어려울 만큼 바쁜 일정의 연속이다. 하지만 이런 상황에서도 언제나 거절하지 못하는 약속이 있다. 바로 직원들의 면담 요청이다.

이메일로, 문자로, 혹은 전화로 직원들이 "한번 뵙고 싶습니다"라고 만남을 요청하면 나는 그 이유를 묻지도 않는다.

"그래."

나를 '아저씨'라고 부르라고 할 때 직원들에게 '내가 여러분의 빽이 되어주겠다'고 약속을 했고, 그들이 '빽'을 찾는데 가지 않을 이유도, 방법도 없다. 그런데 나의 빡빡한 스케줄을 아는 직원들은 홍길동처럼 부르면 나타나는 내가 무척이나 신기한가 보다.

시간을 만드는 재주가 없는 이상 나에게도 남들과 똑같은 하루 24시간이 주어진다. 다만 나는 시간을 배정할 때 우선순위를 정해두는데, 제1순위가 바로 직원들이다. 그러다 보니 직원들의 면담 요청이 들어오면 다른 일정을 조정한다. 간혹 도저히 시간이 나지 않아 다른 경영진에게 상담을 대신 부탁한 적도 있다.

이때 경영진과의 상담이 잘 이뤄지지 않아 결국 직원이 미용실을 떠난 적이 있었다. 그후 나는 직원들이 내게 요청한 상담은 어떻게든 시간을 만들어내려고 애쓰고 있다.

미용실로 직접 찾아가기도 하고, 사안에 따라 미용실 근처 커피숍에서 만날 때도 있다. 때론 맥주 한 잔을 기울여야 할 때도 있고, 어쩔 땐 30분도 채 걸리지 않고 상담이 끝나는 경우도 있다. 많은 직원들과 상담하다 보니 이제는 메일이나 문자, 전화 속 말투만으로도 어떤 내용인지 짐작이 갈 때가 많다.

특히 퇴사를 통보하기 위한 자리는 기운이 빠지고, 서운함도 크다. 주위에서는 "굳이 그만두겠다는 직원까지 만나느라 스케줄을 조정하느냐"고 고개를 절레절레 흔들지만, 나는 그래도 만난다. 직접 만나서 "수고했다"는 한마디와 함께 격려도 해준다. 언젠가 다시 화미주로 돌아온다면 그것도 좋고, 나가서 잘되면 그것 또한 자신의 꿈을 이룬 것이니 좋은 일이다.

직원들이 사장을 편하게 대하고, 무슨 말이든 허심탄회하게 직언할 수 있는 조직, 그곳이 화미주다. 직원들의 생각이 막히지 않고 나에게로 향할 수 있어야만 화미주는 더 크게 성장해 나갈 수 있다고 여전히 믿고 있다.

조직의 덩치가 커지면 커질수록 스킨십 경영도 점점 어려워지고 있다. 개개인의 얼굴을 직접 보고 대화할 기회가 줄었고, 내 업무도 폭증했기 때문이다. 그래서 요새는 아저씨라는 호칭보다 사장님, 혹은 대표님이라는 호칭의 문자가 더 많아지고 있다. 그만큼 거리가 생긴 것은 아닌가 싶어서 서운한 마음이 생긴다.

그래도 여전히 매일 아침 하루의 일과를 직원들이 보내준 이메일과 문자를 확인하는 것으로 시작한다. 나에게 보내준 글귀 한 줄 한 줄에서 에너지를 얻고, 우리의 미래를 본다. 더 나은 미래를 확신할 수 있는 긍정의 에너지는 소통의 경영에서 얻을 수 있는 최고의 기쁨이다.

CHAPTER 2

연매출 400억 원을 만든
화미주 교육법

교육, 브랜드를 만드는 힘

　미용계에 발을 들인 후 죽자사자 공부에 목을 매는 나를 보며 친구들은 늘 안쓰러워했다. 미용실도 제법 크게 키워 나름 성공했다고 인정도 받던 시절이라 친구들은 물론 주위에서도 "좀 쉬엄쉬엄해라"라는 염려를 자주 듣던 때였다. 그도 그럴 것이 집에서 잠을 자는 시간을 제외하면 일과는 오로지 미용실 그리고 책이 전부였다. 관심이 있는 분야의 책이 새로 나오면 어김없이 서점에 들러 사서 읽고, 좋은 강의를 찾아 뒤늦게 대학원에 입학하고, 훌륭한 강연이 있다는 소문을 들으면 먼 곳도 마다않고 달려가 귀를 기울였다.

　하루 24시간을 알뜰히 쪼개어 쓰는 일상이 익숙해질 때쯤 드디어 몸에 탈이 났다. 한 강연장에서 강의를 듣던 중 그만 정신을 잃은 것이다. 그날의 아찔했던 기억은 지금도 생생하다. 강사의 목소리가 갑자기 저 멀리 아득해지면서 온몸에 힘이 빠지고, 정신이 몽롱한 가운데 '아, 내가 이제 죽는구나'라는 생각만 들었다.

병명은 뇌경색이었다. 그동안 과로한 탓이라는 의사의 말에 가족은 물론 주변에서는 "일에만 신경을 써도 힘든데, 공부는 이제 그만하라"고 걱정해주었다. 다시 건강을 회복하기까지 몇 달의 시간이 필요했을 만큼 정말 많이 지쳐 있었다.

하지만 체력을 회복한 후 언제 그랬냐는 듯 다시 공부에 매달렸다. 조직이 성장할수록, 직원이 많아질수록, 경제가 어려워질수록 교육을 통해 길을 찾고자 했고, 매 순간 나의 선택이 옳았다는 것을 깨달을 수 있었다.

우리 주변 미용실들은 왜 사라졌나

나의 공부벌레 인생은 미용실 총무로 일할 때 시작되었다. 일 매출 10만 원~20만 원이던 미용실에서 월급쟁이로 일하면서 대담하게도 '일 매출을 200만 원으로 올리고, 10년 안에 이 미용실의 주인이 되겠다'는 목표를 세웠다. 아무도 내 말을 믿지 않았지만, 매출을 10배 이상 올리겠다는 목표를 달성하기 위해 무엇보다 배움이 필요하다고 생각했다.

서비스, 마케팅, 영업, 경영관리에서부터 심리학, 인간관계, 화술 등 미용실 경영에 도움이 될 만한 강의는 모조리 쫓아다녔는데, 갈 때마다 주위 미용실 원장들에게 "좋은 강의가 있는데 함께 가자"고 권하곤 했다. 좋은 강의는 같이 들으면 더 좋고, 함께 공부하면 서로 격려도 될 것 같아서였다. 처음에는 모두 "그러자"하며 나를 따라나섰다. 하지만 대부분 5회를 못 넘기고 투덜거리기 시작했다.

"뭐, 별거 아니네. 저거 엊그제 신문에 다 나온 내용이다."

그렇게 한두 명씩 빠져나가고 나면 결국 마지막 강의까지 남는 것은 언제나 나 혼자였다. 나는 공부가 정말 재미있었다. 미용실 현장에서 직원들을 통솔하고, 고객을 대하고, 새로운 서비스 상품을 개발하고, 홍보하고, 미래 전략을 세우는 일에 속속들이 도움이 되지 않는 부분이 없었다.

장사의 '촉'과 '감'은 사업의 '지식'과 '지혜'로 숙성되며 현장에서 힘을 발휘했다. 배우고 벤치마킹하고, 실패하고, 다시 도전하는 과정을 통해 화미주는 쑥쑥 성장했다. 나는 10년이 채 못 되어 마침내 화미주의 사장이 되었고, 빠르게 지점을 확장하며 프리미엄 미용실 브랜드로 자리를 잡아갔다.

그리고 어느 날 문득 깨달은 사실, 그것은 화미주 초기 나와 함께 이웃사촌으로 어깨를 나란히 하던 미용실들이 어느새 흔적도 없이 사라져버렸다는 것이다. 그때 이웃 미용실 원장들이 나와 함께 교육을 받고, 혁신을 통해 변화에 대처했다면 지금의 결과는 어땠을까. 또 내가 만약 배움에 게을리하고 늘 해오던 방식에 안주했다면 우리의 현재는 어떤 모습일까. 분명한 것은 적어도 '브랜드 화미주'는 세상에 없었을 것이라는 점이다.

교육 6개월이면 매출 40% 성장도 가능하다?

'화미주 시험은 미용고시'라는 말이 있다. 그만큼 교육수준이 높고, 시험이 까다롭고, 엄격하게 관리되고 있다는 뜻이다. 내가 배운 모든 교육은 고스란히 직원들의 교육 커리큘럼에 포함되었다. 마치 어미 새가 사냥해온 음식을 씹어서 일일이 아기 새의 입에 넣어주듯 전국 방방곡곡을 돌아다니며 배운 지식과 책에서 읽은 좋은 내용을 직원들에게 풀어놓았다. 그중에서 가장 중요하게 생각한 것은 역시 미용기술과 인성교육이다.

화미주에서 미용계에 입문하는 직원이라면 미용인으로서 기술과 소양은 반드시 갖춰야 한다고 생각했다. 기본을 갖춘 디자이너들의 구성체로 만든다면 화미주가 발전을 거듭하지 못할 이유가 없었다.

그래서 2002년 나는 부산 광복동 금싸라기 땅에 '화미주아카데미'를 오픈하고, 오랫동안 준비해온 8개 정규 교육코스 커리큘럼을 본격적으로 시행했다. 물론 정식 아카데미를 열기 전에도 다양한 교육은 진행하고 있었다. 그러나 장소가 부족해 사무실이나 휴게실에서 교육했고, 제대로 된 교재와 커리큘럼이 없어 선배 디자이너가 후배 디자이너와 파트너 교육을 담당했다.

디자이너 자리에 결원이라도 생기면 일정 기준도 없이 직원들이 투표로 선출하곤 했다. 그러다 보니 자연히 실력보다는 직원들과 두루두루 잘 지내는 성품의 사람이 디자이너로 뽑히게 되었다. 재미있는 것은 이런 시스템을 당시는 누구도 이상하게 받아들이지 않았고, 정식 룰로 인정했다는 점이다.

하지만 변화를 선택해야만 할 시기가 찾아왔다. 1990년대 말, 전국적으로 미용실이 급증했고, 무엇보다 내가 그토록 강조하고 교육을 해왔던 서비스 정신으로 무장한 디자이너들이 이제 어딜 가나 넘쳐나고 있었다. 미용의 패러다임이 기술에서 서비스로 바뀌었고, 서비스에서 다음 단계로 이동해야 할 시점이 된 것이다. 그렇게 해서 화미주아카데미를 설립하게 되었는데 아카데미 설립 후 기적과 같은 일이 벌어졌다. 오픈 6개월 후 매출이 정확하게 40% 증가했다.

'설마, 교육 효과가 단 6개월 만에?'

물론 교육 효과만으로 매출이 오른 것은 아니었다. 그러나 직원 교육이 매출에 긍정적 영향을 미쳤음을 부인할 수 없다. 아카데미가 설립되고, 수준 높은 교육과 트레이닝을 받는다는 직원들의 자부심은 예상 밖의 수확을 거두었다. 한마디로 사기충천한 직원들의 변화가 만들어낸 결과였다. 교육을 받기 시작한 직원들은 매장을 온통 활력으로 채웠다. 특히 서비스에 대한 고객의 평가가 몰라보게 좋아졌다.

자부심이라는 눈에 보이지 않는 에너지가 매출 증대에 큰 영향을 미친다는 사실을 확인한 날, 온몸에 소름이 돋을 만큼 짜릿한 전율을 느꼈다. 교육의 직접적인 효과 역시 기대 이상이었다. 미용학교나 학원을 졸업한 후 고객의 머리를 커트해볼 기회도 많지 않은 파트너들은 이론과 실제 경험을 살린 교육을 통해 확실히 빠른 현장 적응력을 보였다.

무엇보다 개인의 목표설정과 비전수립을 독려하고, 서비스업 종사자의 기본자세와 미용인으로서 소명, 고객심리의 이해 등을 교육했다. 심지어 『웰컴 투 미용영어』라는 책을 발행하여 영어회화까지 배우도록 하는 강도 높은 훈련을 통해 우리 직원들의 역량은 말 그대로 최고를 자부할 수 있을 만한 수준이 되었다.

얼마 전에는 '영상교육'을 새롭게 도입했다. 영상교육이란 내가 매월 한 가지 주제를 정해 진행하는 인성교육을 말한다. 조직 안에서 교육이 잘 이뤄지려면 교육을 시스템으로 유지해야 한다. 그러나 매장에서 진행하는 현장교육이다 보니 간혹 불참하는 직원 때문에 교육에 예외가 발생하여 모두가 교육 내용을 공유할 수는 없었다.

교육 내용을 언제든지 원하는 직원에게 제공하고 싶었다. 교육을 통해 변화와 혁신이 이루어질 것이라는 기대 때문이었다. 나는 직원 모두가 같은 내용의 교육을 받고 공유하고 변화하는 시스템의 필요성을 절감했다. 그리고 가장 효율적인 방법을 고민한 끝에 영상교육시스템을 떠올렸다. 교육장과 전 지점을 연결하는 영상교육시스템에 다시 보기 기능까지 제공함으로써 직원들은 더 이상 교육의 장소와 시간에 구애받지 않고 있다.

배움은 힘든 과정이지만 반면 자신감을 채우고, 미래를 준비하고 있다는 안정된 만족감을 주게 된다. 이 에너지가 바로 6개월 만에 매출을 크게 끌어올리고, 현재 연매출 400억 원이 넘는 미용 그룹을 키워낸 힘이다.

....

헤어디자이너 억대 연봉이 가능한 이유

화미주에 공짜 교육은 없다

화미주는 교육이 많기로 소문난 조직이다. 화미주아카데미를 필두로 정기적인 인성교육, 영업교육, 서비스교육, 비전교육 등 내용도 방대하다. 그런데 나는 이 교육을 무료로 진행하지 않는다. 각 지점에서 얼마라도 소액의 돈을 내도록 하고 있다. 교육을 강조하면서 무료 교육은 없는 이유, 그것은 직원들이 '왜 교육을 받는가'에 대한 목적의식을 분명히 인식하도록 하기 위한 나름의 교육지책이다.

적은 금액이라도 돈을 내고 교육을 들을 때와 공짜로 교육을 받을 때의 태도는 천지 차이이다. 경제용어 중에 '매몰 비용'이라는 게 있다. 의사

215
..

결정을 하고 실행한 이후에 발생하는 비용 중 회수할 수 없는 비용을 말한다. 인간에겐 돈이나 노력, 시간 등을 일단 투입하면 그것을 지속하려는 강한 성향이 있는데, 이를 가리켜 매몰 비용 효과라고 한다. 한마디로 '내가 이 교육에 얼마를 투자했는데……'라는 본전 생각이 나서라도 교육에 집중하고 끝까지 마치려는 욕구가 상승한다는 얘기다.

이른 아침 교육을 진행할 때마다, 며칠 귀한 시간을 내어 연수할 때마다 직원들은 꾸벅꾸벅 졸거나 대충 시간만 때우려는 태도를 보였는데, 이러한 행동을 보다 못해 결정한 원칙이 바로 유료 교육이다.

그렇다고 해서 그 돈을 함부로 사용하지 않는다. 직원들이 없는 돈을 내어 교육을 받는 게 안타까워 교육비는 대부분 교육 후 식비나 제품비 등 직원들을 위해 다시 사용된다.

이 외에도 화미주는 교육프로그램별로 다양한 교육비를 책정하고 있으며, 일부는 회사에서 일정 금액을 지원하는 방식으로 교육을 받고자 하는 직원들의 비용 부담을 최소화하고 있다.

디자이너보다 CEO를 꿈꾸게 하는 교육

화미주 디자이너의 연봉은 얼마일까? 화미주는 억대 연봉이라는 디자이너의 꿈을 상대적으로 빠르게 실현한 미용실이다. 한때는 50여 명 이상의 억대 연봉 스타디자이너를 한 번에 배출한 적도 있다. 화미주에서 유독 꿈의 연봉을 실현할 기회가 많은 이유는 무엇일까. 답은 바로 교육에 있다.

화미주아카데미를 통한 높은 기술 수준은 말할 것도 없고, 더 중요한 것은 강한 비전 교육에 있다고 믿는다.

'화미주의 디자이너가 아니라 미래의 CEO가 되자.'

화미주의 신입사원들은 입사하자마자 반드시 오리엔테이션을 거치는데, 주제는 언제나 같다. '디자이너를 넘어 CEO를 꿈꾸라'는 것이다.

미용을 시작하는 대부분의 사람은 본인의 가게를 여는 게 꿈이다. 이 꿈을 이뤄내려면 무엇보다 강한 목표의식과 비전이 있어야 한다. 그런데 젊은 친구들이 목표와 비전이라는 것을 스스로 확립하는 게 쉬운 일은 아니다. 주변에서 끊임없이 보고, 듣고, 경험하며 비로소 자신의 길을 명확하게 찾는 경우가 대부분이다. 바로 여기에 필요한 것이 교육이며, 교육은 직장 선배로서 내가 직원들에게 마땅히 제공해야 할 기회라고 믿고 있다. 실제로 괄목할만한 성장을 거듭하는 직원들은 한결같이 화미주 교육의 힘에 대해 이야기를 한다.

화미주의 디자이너 중 내가 특히 '준마'라고 꼽는 특별한 친구가 한 명 있다. 이 친구는 지금은 준마에 비교되지만 파트너 시절 어찌나 말썽이 많았던지, 지점의 원장은 내게 수시로 이메일을 보내 고충을 털어놓을 정도였다.

그 친구는 잦은 결근은 물론, 불같은 반항심에 리더십까지 있어 분란의 중심이 되곤 했다. 하지만 그때마다 나는 "그 친구가 아프다고 조퇴한다고 하면 설사 거짓말이라도 병원비를 줘서 보내라"며 원장을 다독이곤 했다. 그러더니 8개월 후 그 친구는 제 발로 나가버렸다. 아무래도 선배들에게 밉보이다 보니 계속 직장생활을 하기 힘들었던 것 같다. 그런데 5개월 후 그 친구가 제 발로 다시 우리 미용실을 찾아왔다. 물론 태도는 크게 변해 있었다. 나중에 다른 사람을 통해 들어보니, 돌아온 이유가 참 재미있었다.

화미주를 떠나 취업한 다른 미용실은 신세계와도 같았다. 화미주에서 매일 "좀 더 분발하라"라는 말만 듣던 이 친구에게 타 미용실의 원장과 디자이너들은 칭찬을 쏟아냈다.

'신기하다. 왜 나를 칭찬할까?'

저음에는 도무지 어리둥절했지만 곧 이유를 알게 되었다고 한다. 답은 바로 기본에 있었다. 미용실 환경정리, 손님 응대 등 화미주에 있었던 8개월 동안 교육받고 몸에 밴 습관이 다른 곳에서는 놀라운 자세로 인정받았다. 그때 비로소 자신이 '제대로 배웠다'는 것을 깨달았다고 한다.

그리고 얼마 후 새 직장의 원장과 함께 오픈한 신규 지점의 멤버가 되어 갔을 때 그는 충격을 받았다. 고객이 없어도 너무 없었다. 고급스러운 인테리어가 안타까울 정도였다. 화미주의 경우 지점을 새로 오픈하면 고객이 평소보다 더 많이 몰려든다. 고객 신뢰도가 그만큼 높다는 증거이다. 그는 정신이 번쩍 들었다.

'이러다가 1~2년이 지난 후 내가 파마라도 제대로 말 수 있을까?'

그때야 비전이 없는 곳에서 일하는 기분이 무엇인지 알게 되었다. 그는 우리에게 돌아온 후 엄청난 노력과 넘치는 활력으로 무장한 디자이너로 성장하기 시작했다.

목표와 의지, 가능성이 충분한 그에게 나는 외부 교육의 기회도 제공했다. 이후 때가 되면 누구나 겪게 되는 슬럼프로 고생을 할 때도 역시 적당한 교육을 소개하고, 위기를 극복하도록 도왔다.

그는 기대를 저버리지 않았다. 20여 년 차에 접어드는 그 친구는 최고의 매출 여왕이며 다른 젊은 친구들의 롤 모델이 되어주고 있다.

타조의 조직에서는 독수리도 날지 못한다

마치 비가 온 후 대나무가 자라듯 직원들이 쑥쑥 성장하는 모습을 보는 것보다 짜릿한 기쁨은 없다.

7년 동안 디자이너로 일하는 동안 일을 잘해 눈여겨보던 친구가 있다. 그런데 어느 날 퇴사하고 호주로 간다고 통보를 해왔다. "호주에 갈 때 가장 먼저 챙겨갈 것이 지금까지 아저씨에게 교육받은 내용을 필기한 노트"라던 그 친구는 안정된 직장을 떠나 새로운 도전을 통해 더 큰 목표를 꿈꾸고 있었다. 아끼던 디자이너가 떠난다니 서운함이 컸지만, 한편으로는 뿌듯하기도 했다. 교육을 통해 목표와 비전을 확고하게 다진 직원들이 많아질수록 화미주는 더 빨리 더 크게 성장할 수밖에 없을 것이기 때문이다.

지금은 많이 변화하고 있지만, 미용 업계는 아직도 도제식 학습문화가 존재한다. 현장에서 선배에게 배우고, 그 배운 것을 그대로 시행하고, 그걸 또 후배가 물려서 배우는 시스템이 꼭 나쁜 것만은 아니지만, 문제는 무엇을 가르치고 무엇을 배워야 하는가이다.

미용도구를 정리하고, 주변 환경을 컨트롤하고, 고객을 대하는 사소한 습관부터, 장래에 작은 가게를 여는 것이 꿈인지, 브랜드 미용실의 대표가 꿈인지, 글로벌 미용 그룹의 CEO가 꿈인지, 꿈의 크기를 결정하는 것까지 경영자와 선배의 영향력은 무척 크다.

좋지 못한 습관, 배울 것이 없는 선배는 반면교사의 대상이지 멘토는 될 수 없다. 그래서 나는 더욱더 교육이 중요하다고 믿는다. 좋은 선배 직원을 많이 키우고, 그 선배들이 롤 모델이 되어 후배를 이끌 수 있는 조직, 그렇게 사람을 키우는 조직만이 지속 가능할 수 있다.

능력 있는 인재들로 가득한 조직은 급변하는 경제 환경과 산업 트렌드에 쉽게 적응한다. 하늘을 높이 나는 독수리로 가득한 조직을 만들고 싶다면 직원들을 독수리로 키워야 한다. 날지 못하는 타조로 가득 채운 조직에서는 모두가 날 수 없는 새가 된다. 날 수 없는 새로 가득한 조직은 미래가 없다. 이것이 교육이 필요한 이유다.

비전 공유로 동기를 부여하라

'진짜 젊은이는 돈이 아니라 미래를 원한다.'

내가 평소 자주 하는 말 중 하나다. 하나의 조직이 지속 가능한 성장을 이어가기 위해서는 구성원의 비전 크기도 함께 성장해나가야 한다고 믿는다. 화미주의 신사업을 고민하고, 구체적인 사업 로드맵에 따라 전력을 다해 뛰어가는데, 직원들은 멀뚱멀뚱 나오는 상관없는 이야기로 치부하며 느릿한 걸음을 걷는다면 미래를 보장할 수 없다는 얘기다.

나는 직원들과 만날 때마다 화미주의 미래 비전에 대한 이야기를 자주 한다. 미용이라는 일을 시작해서 어디까지 꿈과 비전을 키울 수 있는지 모델을 보여주고 싶고, 각자 비전의 밑그림을 그리는 과정에 도움을 주고 싶다. 물론 남의 이야기라며 흘려듣는 사람들도 있겠지만, 경영자가 함께 일하는 사람들과 비전을 공유할 때 강한 동기부여가 된다는 사실을 경험을 통해 알고 있다.

진짜 기회란 월급보다 미래다

젊은 시절, 잠시 화장품 회사의 영업사원으로 일한 적이 있다. 뭐든 한 번 일을 시작하면 해볼 때까지 해보는 성격인지라 나름 포부도 컸었는데 정작 3개월 만에 사표를 내버렸다. 계기는 월급 자랑을 하는 20년 차 선배의 이야기를 듣고 나서부터다.

"와, 선배님 월급이 우리 2배네요!"

"좋겠다. 그렇게 많이 버시면 다 어디에 쓰세요?"

신입 직원들의 부러움 앞에서 선배는 기분이 무척 좋아 보였다. 하지만 나는 눈앞이 캄캄했다.

'20년 후 내 월급이 고작 지금의 2배?'

지금보다 겨우 2배의 월급은 절대 내 미래가 될 수 없었다. 내 월급이 타 직업에 비해 적은 액수라고 할 수 없었지만, 사표를 내는 것이 전혀 아쉽지 않았다. 미래를 꿈꿀 수 없는 현재는 결코 기회가 될 수 없기 때문이다.

미용 업계는 이직이 무척 잦은 직종 중 하나다. 대부분의 미용실이 50여 명의 새로운 직원을 뽑으면 1년 후 5~10명 정도만이 남아 있다. 그러나 화미주는 50여 명이 입사하면 약 30명 정도가 일을 계속하고 있다. 우리의 월급이나 복지제도가 다른 미용실보다 좋은 수준도 아닌데, 주위에서는 고개를 갸우뚱한다.

화미주의 낮은 이직률은 바로 존중과 교육의 문화에서 큰 영향을 받았다고 확신한다. 직원들은 직급, 연차와 상관없이 신입직원부터 사장까지 모두가 존댓말을 쓰는 분위기에서 존중을 경험하고, 교육을 통해 자기 목표와 비전을 점검하는 기회를 얻는다.

나는 오래전부터 전 직원들에게 나의 꿈과 화미주의 미래 비전을 공표해왔다. 미용서비스의 패러다임을 바꿀 ITC 신사업과 미래 미용 업계 인재양성을 담당할 연수원 설립과 장학사업 등 구체적인 시행 연도까지 직원들에게 밝히고 있으며, 그 계획은 착착 진행되고 있다.

미래를 비전으로 보여주고, 그 계획이 조금의 차질도 없이 진행되어 가는 과정을 숨김없이 보여주는 것이 직원들에게 적지 않은 동기부여가 되고 있으며, 실제 화미주의 비전 스텝에 맞춰 꿈을 키워가는 직원들이 있음을 잘 알고 있다.

화미주 비전에 동승 티켓을 끊은 사람들

화미주에서 처음 미용을 시작한 모 원장은 요즘 시간을 쪼개어 대학원 석사과정을 공부 중이다. 5년 정도 공부에 매진하고 5년 후에는 미용 대학에서 강의하는 게 목표다. 처음 미용을 직업으로 선택할 때는 '정년 없이 일할 수 있다'는 게 유일한 이유였는데 미용을 시작한 지 10여 년 만에 꿈이 디자이너에서 미용 대학교수로 달라졌다. 헤어 디자이너에서 미용 대학교수로 할 수 있는 일에 대한 시각을 넓히게 된 계기는 교육시스템 덕분이다.

"대표님께서 기회가 될 때마다 '니는 억수로 큰 존재다'라고 말씀해주신 게 힘이 됐어요. 대표님의 교육을 통해 그냥 말뿐이 아니고 진짜로 하니까 된다는 걸 알고 나서부터 교육이 점점 더 재미있어졌어요."

그는 디자이너에서 수석디자이너로, 다시 실장에서 원장으로 성장하는 과정에서 배우고, 강렬하게 원하고, 실천함으로써 꿈을 현실로 만들 수 있다는 것을 경험했다. 이것이 바로 내가 교육을 통해 전하고자 하는 메시지였다. 이런 디자이너와 함께하고 있기 때문에 우리는 성장해왔고 또 변화를 준비할 수 있다.

또 다른 디자이너의 꿈은 화미주의 연수원장이다. 20대 때부터 연봉 1억 원을 기록할 정도로 고객관리에 특별한 능력이 있는 이 친구의 비전은 늘 화미주와 함께해왔다. 우리의 교육시스템이 자리를 잡아가면서 직원교육과 상담의 일에 큰 흥미를 느꼈고 바람대로 그 업무를 맡게 되었다.

"화미주의 장점은 일과 교육이 연계된다는 겁니다. 교육을 받으며 화미주가 성장하는 만큼 제 꿈도 같이 성장했어요. 일 외에 제가 강의와 상담에 재능이 있고, 큰 보람을 느낀다는 걸 알게 되었어요. 이제 연수원에서 제 몫을 할 기회가 있었으면 좋겠어요. 그렇게 되도록 노력할 겁니다."

주변에서는 "개인 숍을 오픈하면 더 많은 돈을 벌 수 있지 않겠냐"고 묻지만 이 친구는 우리를 떠날 생각이 없다. 이유는 화미주 안에서 아직

간절함으로 운명을 이겨라

더 많은 자극을 받고 싶기 때문이다.

그런가 하면 이미 나의 사업 동반자로 성장한 디자이너도 있다. 오랜 세월 함께 일하며 화미주의 기초를 닦고 기둥을 세우는 데 열정을 함께 해준 젊은 청년 디자이너였는데 이제는 회사의 임원이 되었다. 특히 그는 교육사업 분야에 대한 큰 꿈을 키웠는데 나는 그 꿈을 격려하기 위해 뷰티스쿨에 투자하고 함께 호흡을 맞추며 비전을 지원하고 있다.

비전이 있는 직원은 일하는 방식이 다르다. 파트너이지만 디자이너의 자세로 고객을 챙긴다. 디자이너지만 간부 직원의 마음으로 고객을 대한다. 간부 직원이지만 경영자의 마음으로 경영을 생각한다. 많은 경영자가 직원들에게 '주인의식이 없다'고 불만을 터뜨리지만 주인의식이란 자신이 열정을 쏟아야 할 일터에서 강한 목표의식과 비전을 수립했을 때만이 발현될 수 있다.

화미주의 교육 프로그램에는 5년 이상 경력의 디자이너를 위한 특별한 커리큘럼이 있다. 경영과 전략에 대한 교육이 그것이다. 일정 단계에 이르면 더 넓은 시야로 일과 미래를 볼 수 있도록 돕는 것, 길을 제시하고 먼저 손을 내미는 것, 나는 그것 또한 경영자가 마땅히 해야 할 일이라고 생각한다. 화미주와 함께 일하며 내 꿈과 화미주의 미래를 향한 길에 동승 티켓을 끊은 후배들을 위해서라도 나는 지금보다 더 부지런히 뛰어갈 생각이다.

2016년 드디어 화미주연수원이 개원했다. 연수원은 척박한 미용 업계에서 일하는 젊은 친구들은 물론, 창업을 통해 성공을 꿈꾸는 많은 사람이 꿈을 찾고, 비전을 세우고, 구체적 계획을 실천할 수 있도록 손을 내밀어주는 역할을 할 것이다.

미용 인재를 키워서 이들이 우리나라 미용 산업계를 발전시켜나갈 수 있도록 중간에 다리를 놓아주는 것이 바로 나의 2020 비전이다. 내 꿈에 동참할 준비를 마친 직원들과 함께 이제부터 시작이다.

사람을 키우는 화미주,
꿈을 향한 나의 신념이다

"20년 전 화미주에 입사할 때 월 1,000만 원을 벌게 해주겠다고 말씀하시던 총무가 바로 이 자리에 있는 김영기 대표님입니다. 처음엔 과장된 얘기라고 생각했어요. 하지만 그 약속은 지켜졌고, 저는 지금 월 1,000만 원 이상 벌고 있습니다. 대표님, 앞으로 20년 더 함께하겠습니다."

5년 전 화미주 30주년 기념행사장에서 오랜 지기 박현주 원장(화명점)은 2,000여 명의 참석자들이 지켜보는 가운데 화미주와 함께해온 시간을 이렇게 회고했다.

'약속은 지켜졌다.'

그날 이 한마디는 내 머릿속을 가득 채웠고, 가슴 벅차게 차오르는 감동으로 무척 행복했다.

1983년 월급쟁이 총무였던 나는 10년 안에 미용실 주인이 되겠다고 결심했고, 미용 그룹으로 성장해나갈 화미주의 미래를 그렸다. 그리고 나의 꿈과 비전을 직원들과 공유하기 위해 무던히도 노력했다. 당시 헤어디자이너에게 '화미주에 입사하면 10년 안에 매월 1,000만 원을 벌게 해주겠다'는 약속을 한 것은 단순한 바람이 아니었다. 그것은 반드시 지키겠다는 신념(信念)이었다.

'신념'이란 굳게 믿는 마음이다. 나는 성공을 굳게 믿었고 꿈은 정말 이루어졌다. 하지만 꿈을 믿는 것만으로는 성공을 이룰 수 없다. 30여 년을 훌쩍 넘는 세월 동안 나는 한결같이 같은 꿈을 꿨고, 생생하게 비전을 그렸으며, 집요하게 실천했다. 성공을 확신하는 나의 신념은 어느 순간에도 열정을 잃지 않도록 뒷받침하는 가장 뜨거운 에너지였다.

내가 이토록 굳게 지킨 믿음의 중심에는 '사람'이 있다. 사람은 화미주 혁신의 시작이었고, 과정이었고, 전부였다. 화미주의 800여 명 중에는 20년 이상 현장을 지킨 스타디자이너, 아니 명장이라는 타이틀이 아깝지 않은 대단한 이들이 있다. 언젠가 그중 한 명이 내게 "매년 154시간에 달하는 인성교육 덕분에 억대 연봉의 꿈을 이뤘다"는 말을 해준 적이 있다. 이직률 높기로 소문난 미용 업계에서 일찌감치 직원교육에 아낌없는 투자를 지속해온 이유는 비전을 공유하고, 함께 성공을 나눌 동반자들을 키우기 위해서였다.

'무엇을 위해 일을 하는가', '어떻게 일해야 하는가', 이 두 가지 질문에 스스로 답을 찾는 것, 이것이 바로 내가 직원들에게 교육이라는 이름으로 아낌없이 알려주고 싶은 성공의 '진짜 비밀'이다. 고기를 잡는 방법을 가르쳐주고, 직접 실행하도록 돕는 것은 교육이 해야 할 가장 중요한 임무다.

고객이 만족하는 서비스 태도, 고객이 감동하는 대화법, 고객과 소통하는 영업 노하우, 창의적 마케팅 전략 등 모든 것을 배워도, 스스로 성공을 간절히 꿈꾸지 않고, 비전도 그릴 수 없다면 지식은 한낱 무용지물에 불과하다. 성공을 향한 신념은 이처럼 꿈과 비전의 터전에서 자라난다.

그동안 나는 꿈과 비전이 무럭무럭 자라서 현실로 변하는 멋진 과정을 지켜봤다. 또 그 과정에 기꺼이 동참한 화미주 가족들의 놀라운 성장과 변화도 경험했다. 오래전부터 간절히 소망했던 꿈을 이뤘다. 하지만 다시 새로운 꿈을 꾸는 중이다. 꿈에는 완료형이 없으며, 만들어서도 안 된다는 게 나의 생각이다.

현재, 나의 새로운 꿈 프로젝트가 진행 중이다. '꿈+a', 바로 꿈의 확장이다. 더 큰 부자를 꿈꾸는 것이 아니다. 물론 지금 당장 매출을 증대하고 더 많은 돈을 벌 방법은 있다. 그러나 자본을 투자하는 방식으로 소규모 업체를 죽이는 성장은 미래가 없으며, 나의 꿈이 될 수도 없다. 장학재단과 화미주연수원이라는 비전이 나의 새로운 꿈의 목록에 들어온 이유다.

미용 업계의 인재 양성은 물론, 창업을 꿈꾸는 사람들, 더 나아가 지금보다 멀리 뛸 준비가 되어 있는 크고 작은 업체의 대표들과 현장에서 체득한 성공 노하우를 나누고자 한다. 이들이 연수원의 교육 프로그램을 통해 자신만의 꿈을 찾고, 비전을 세우고, 구체적인 목표를 설정함으로써 위기의 시대를 헤쳐나갈 수 있는 단단한 체력을 키웠으면 한다.

내가 이 책을 통해 풀어놓은 누구나 성공할 수 있다는 공언(公言)과 방법들은 절대로 헛된 말이 아니다. 꿈과 비전, 목표의 트라이앵글은 위기 속에서 기회의 문을 여는 가장 중요한 열쇠다. 그 열쇠를 쥐지 않고 성공을 쟁취하는 사람은 없다.

원고를 정리하며 꽤 긴 시간을 거슬러 옛 기억을 되짚는 기회를 가졌다. 오랜 세월 직원으로서 또 동료로서 나에게 크고 작은 배움을 준 화미주 가족들에게 새삼 고마운 마음이다. 그리고 무엇보다 창업 초기부터 화미주 성장의 견인차 역할을 해준 조력자이자 업계 선배로서 늘 따끔한 조언과 따뜻한 격려를 아끼지 않는 아내 선희에게 진실로 고마움을 전한다.

성공을 꿈꾼다면, 화미주처럼!

안병길(부산일보 대표이사 사장)

김영기 대표의 성공 에세이 『간절함으로 운명을 이겨라』 출간을 진심으로 축하드린다. 이 책에 담긴 메시지는 책 제목만 봐도 알 수 있을 정도로 간결하고 강렬하다.

미용을 배운 적이 없는 김 대표께서 미용 그룹의 CEO가 되시고, 화미주를 부산, 울산, 경남을 대표하는 회사로 성장케 한 원동력이 '간절함'이란 한 단어에 응축된 것이다.

성공한 사람들이 예외 없이 가지는 공통점이 바로 '실패'이다. 유럽 선진국들은 한 달 중 하루를 '실패의 날'로 정해 방송에서 그 경험담을 서로 나눈다고 한다. 여기에는 누구나 노력을 하지만, 성공의 결실이 단지 몇 사람에게만 돌아가는 것에 대한 심오한 교훈이 담겨 있다고 할 수 있겠다.

아무리 상황이 어려워도 그것을 긍정적으로 보며 포기하지 않고 자신의 사고와 행동의 즙을 마지막까지 짜내는 자세, 이것의 원천이 바로 '간절함'이라고 하겠다. 김 대표의 성공 에세이를 읽으면서 이런 생각이 한시도 떠나지 않았다.

부산 광복동의 작은 미용실에서 시작해 30여 년이 지난 지금 43개 지점과 여러 자회사를 거느린 화미주인터내셔날로 성장하기까지 기쁜 일, 좋은 일만 있지 않았을 것이다.

남자가 미용업을 하는 데 대한 주위의 그릇된 선입관, 새로운 상품과 경영방식 도입에 따른 리스크 등은 언제나 경영자를 주저하게 하는 장애물이 아닐 수 없다.

이 난관들이 김 대표의 획기적인 경영방식으로 하나하나 극복되어가는 과정은 한 편의 드라마와 같았다. 생각하는 방식을 바꾸고, 변화와 도전을 즐기고, 사람을 중시하는 이 방식은 눈앞의 이익에만 급급해 일을 망친 많은 사람에게 귀중한 교훈을 주기에 충분했다.

김 대표께서는 17세에 가장이 되어 막노동꾼, 머슴살이, 점원 등 무려 30개의 직업을 경험하셨다. 나는 이러한 김 대표의 경력이 화미주 성장의 밑거름이 되었다고 확신한다.『초한지』,『삼국지연의』,『사기열전』같은 고전을 읽어보면 개국 군주들은 대개 서민 출신이어서 기성 질서를 거부하고, 민심과 현장을 중시했다는 역사적 사실을 알 수 있다.

이 글을 읽으면서 화미주의 성장 역시 김 대표의 이런 성장 배경에 힘입는 바 크다는 생각을 하지 않을 수 없었다.

화미주(和美洲)란 이름에 '대륙을 호령하는 미용실'이란 뜻이 담겨 있다는 사실을 알았다. 참으로 잘 지은 상호이다. '개념은 존재를 규정한다'는 철학 명제가 있다. 이름 짓기가 그만큼 중요하다는 의미이다. 그래서 아이들 이름을 지을 때 부모들이 그토록 정성을 들이는 것 아니겠는가.

화미주의 성장은 이제부터가 시작이다. 김 대표께서 꿈꿔 오신 화미주연수원이 2016년 마침내 출범했다. 화미주를 키워나갈 인재, 화미주의 창업 정신을 이어받을 사업주들을 키우는 연수원 창립은 평소 인재 중심을 외쳐온 김 대표의 소신으로 볼 때 화미주의 '새로운 출발'이나 다름없다.

화미주는 대한민국 최고의 미용 브랜드 중 하나로 당당히 자리했다. 김 대표께서는 이것으로 만족하지 않으실 거다. 이는 단순히 사업에 대한 욕망 이상인, 좀 더 많은 사람을 행복하게 만들려는 마음의 발로이다. 이 에세이는 이를 우리에게 웅변하고 있다.

건강한 영향력이 널리 퍼지길

양지원(메타리더십그룹 한국 대표원장)

이십수 년간 성공학 강의를 해오면서 수천 명의 성공인들을 연구하고 만나왔고 이론이 아닌 실전적인 성공법이 무엇인지를 알게 되었다고 생각된다.

성공의 가장 중요한 요소는 단연코 열정이다. 열정이 없는데 성공한다는 것은 참으로 천운이 아니면 어려운 일이다. 열정은 단순히 열심히 한다는 것이 아니라 몰입하고 즐긴다는 것이다. 그러나 열심히만 해서는 성공이 어려울 수 있다. 전략적 창의력이 필요하다. 안 되면 몰입해서 답을 찾고 새로운 시도를 해보는 전략적 창의성을 기르기 위한 지속적인 학습이 있어야 한다.

그러나 그래도 실패는 올 수 있다. 그래서 실패를 견디고 다시 딛고 일어서는 용기가 또한 필요하다. 그리고 빠질 수 없는 부분이 진정한 성공인은 사람을 얻는다. 주위에 좋은 사람들이 있고 성공인을 지지해주는 중요한 코어그룹이 있다. 물론 가장 중요한 사람은 가족이다.

솔직히 건강한 균형 잡힌 성공을 거둔 마음이 건강한 성공인은 드물고 그런 분을 만난다는 것은 참으로 기분 좋은 일이다. 화미주 김영기 대표가 그런 분이다. 나는 진정 이 분을 존경한다. 삶에 대한 자세도, 창의적인 몰입력도, 강력한 절제심도, 엄청난 독서량과 늘 공부하는 자세도 물론이지만 겸손하고 자상한 인품까지 겸비하고 아직도 아내와 사랑스러운 눈빛을 주고받는 모습이 너무도 감동스럽다. 단언컨대 김영기 대표는 균형 잡힌 진짜 성공인이며 앞에서 나열한 성공인이 갖추어야 할 거의 모든 것들을 갖춘 우리 시대 성공인의 표상이라 해도 과언이 아닐 것이다.

이 분의 두 번째 성공 지침서인 『간절함으로 운명을 이겨라』는 이러한 의미에서 또다시 많은 분의 삶에 건강한 영향력을 행사할 것이고 어느 성공학책보다 더 리얼한 교훈과 감동을 줄 것이기에 이 책이 진심으로 많이 많이 읽혀졌으면 좋겠다. 이 책은 한 개인의 섣부른 성공 기술을 나열한 책이 아니라 성공한 삶에 대한 진지한 고찰이며 인생을 사는 지혜를 담은 책이다.

성공에 관한 어떤 조언도 체험보다 강할 수는 없다. 열정과 신념, 노력이라는 토양 위에 몰입과 창의성, 그리고 겸손과 지속적인 학습으로 이루어낸 완성도 높은 균형 잡힌 성공인인 김영기 대표의 살아 숨 쉬는 건강한 성공 체험기인 이 책은 감히 진정한 성공을 꿈꾸는 우리 모두에게 자기계발서가 아닌 인생 조언서가 되어야 한다고 믿는다. 한 분야에서 성공한 사람의 체험기가 아닌 성공 인생을 살아가는 법을 알려주는 튼튼한 인생 지침서로서 반드시 천천히 생각하며 읽어야 할 책이다. 빨리 이 책을 손에 들고 알리고 다니고 싶어진다.

미래를 꿈꾸는 사람을 위한 '간절함'

조영복(부산대 경영대학 학장 겸 경영대학원장)

10년 안에 '1,000만 원을 모으겠다'는 자신과의 약속은 지켜졌다. 이 약속은 "니 자꾸 공부 안 하다가는 저 새끼처럼 된다"는 친구 어머니가 자신을 향해 말한, 가슴에 남는 상처를 견디며 지킨 약속이다. 그는 중학교를 끝으로 학업을 더 할 수 없었다. 그러나 그는 꿈이 있기에 머슴살이도 귀한 직업이라 여기는 사람이다. 그는 자신의 무식이 그를 키운 것이라 자평하며, 보통사람들은 버리기 어려운 부끄러움을 버리고 바닥부터 시작할 수 있었던 사람이다. 그랬기에 그는 이제 미용업으로서는 보기 힘든 자회사까지 거느린 미용그룹으로 성장한 입지전적인 인물이다.

김 대표와의 인연은 부산대학교 경영대학원에서 이루어졌다. 처음에 만난 그는 잘생기지 않았고, 별로 특별한 것이 없는 사람이었다. 그의 책도 그를 닮았다. 화려한 문체나 복잡한 경영이론이 있는 책이 아니다. 그는 그저 그런 보통사람으로 보인다. 그러나 그의 인생과 책에는 남들에게서 볼 수 없는 것들이 있다. 그는 진솔하다. 그리고 그의 책은 진지하다. 다가오는 느낌이 있는 사람이고 삶에 대한 성실함이 있다. 그래서 그와의 만남은 오래가고 그의 책은 가까이 두어도 좋다.

흔히들 사업에서 성공하면 자기 자랑하기 바쁘다. 갑자기 그리고 조금만 성공을 할수록 그렇다. 빈 수레가 요란하다는 말이 틀린 것이 아니다. 그러나 그는 그렇지 않다. 그는 자신을 자랑하려고 하지 않는다. 그는 자신의 경험을 통하여 남을 도우려 하고 남에게 자신의 어려웠던 시간을 공유해 그들도 어려움을 이겨내도록 자신의 지혜를 전달하려 한다. 나의 성공에 대한 자랑이 아니라 남의 성공을 도우려 하는 배려가 있다. 그래서 지나고 보면 느낌이 있고 잔잔한 여운이 남는다.

그의 성공방식은 그다지 별것 아니다. 비결이라고 할 것도 없다. 그러나 그의 비결은 잘 정리되어 있다. 그러한 정리는 어제오늘의 것이 아니며 이론에 치우친 탁상공론도 아니다. 그의 성공방식은 밤잠을 설치는 깊은 생각에서 나오며 경험에서 비롯된 것이다. 그는 성공하고 싶다면, 생각을 바꾸라고 한다. 아니 생각하는 방식을 바꾸라고 한다. 그의 경영방식도 거기서 출발한다. 목표가 없다면 미래가 없는 것이다. 비전을 그려야 하는 것이다. 그는 도전과 변화가 성공을 만든다고 한다. 그는 변화를 두려워하지 않는다. 그리고 그는 함께 일하는 사람을 키운다. 그에게는 고객뿐만 아니라 지금 같이 있는 사람들이 소중한 것이리라.

그는 가방끈은 길지 않지만 돈 버는 사람이 아니라 일하는 사람이 성공한다는 것을 알고 있으며, 장사꾼이 아닌 사업가, 바로 우리 사회의 변화를 이끄는 앙트레프레너(entrepreneur)이다. 고객과의 소통을 중시하며 첫인상을 중시하는 사람이다. 그는 요즘 스마일을 외치고 다닌다. 인상을 남긴다는 것이다. 그는 골든타임 4초가 중요함을 알고 있는 사람이고 내부의 고객과의 비전 공유가 외부 고객의 만족만큼이나 중요함을 알고 있는 사람을 키우는 기업가(企業家)인 것이다.

이제 조금 가방끈이 길어졌다 하더라도 그는 CEO로서의 경영철학이 경영학 이론의 어디쯤에 속하는지는 잘 모를(?) 것이다. 그의 두 번째 책 『간절함으로 운명을 이겨라』에는 이론적으로 변혁적 리더(transformational leader)로서의 향기가 배어 있다. 자신이 몰입하는 비전을 동반자들과 공유하고, 진실됨으로 그들의 역량을 함양시켜가는 배려하는 리더가 바로 '김영기'이다. 이 책은 돈이 아니라 일을, 그리고 지금이 아니라 미래를 바라는 사람들을 위한 그가 꿈꾸는 간절함이다. 어찌 시간이 아깝다 하리.

소중한 책으로 남기고 싶은 아이디어나 원고가 있으신 분은
도서출판 책읽는달(이메일: bestlife114@hanmail.net)로 보내주세요.

간절함으로 운명을 이겨라

초판 1쇄 인쇄 2017년 2월 10일
초판 1쇄 발행 2017년 2월 15일

지 은 이 김영기
펴 낸 이 문미화
펴 낸 곳 책읽는달
주   소 서울 서대문구 연희로 82, A동 301호
전   화 02)326-1961/02)326-0961
팩   스 02)326-0969
블 로 그 http://blog.naver.com/bestlife114
등록번호 2010년 11월 10일 제25100-2016-000041호

ⓒ 김영기, 2017

ISBN 979-11-85053-33-2   03320